Über dieses Buch

Michael Crichton, der sich mit seinem Roman »Andromeda« weltweit einen Namen machte, hat in diesem Buch ein Thema aufgegriffen, das ihm als Absolventen der Harvard Medical School und als ehemaligem Assistenten an der Poliklinik besonders am Herzen liegt: das Krankenhaussystem, das Crichton in seiner heutigen Form für überholt hält. Und er zeigt, wie Kostenexplosionen in der Krankenhausbehandlung, Schwierigkeiten bei der Ärzteausbildung, neue komplizierte Formen der Diagnose und Behandlung ein Umdenken erforderlich machen. Damit dieser Wandlungsprozeß nicht zu Lasten der Patienten geht, ist es unbedingt notwendig, die Öffentlichkeit über alle Fragen und Probleme, die sich auf den Gebieten der Ausbildung, Pflege und Therapie ergeben, eingehend zu unterrichten.

Michael Crichton, dazu berufen wie kaum einer, läßt den Leser am Alltagsgeschehen eines großen, nach modernsten Erkenntnissen eingerichteten Krankenhauses teilnehmen. Er schildert die Schicksale von fünf Patienten, die gezwungen sind, sich der Institution »Krankenhaus« anzuvertrauen, und beleuchtet die Probleme von den verschiedensten Seiten. Er formuliert Zweifel, zeigt Entwicklungen auf und eröffnet Ausblicke auf die Zukunft der Medizin.

Oktober 1978
Vollständige Taschenbuchausgabe
Droemersche Verlagsanstalt Th. Knaur Nachf.
München/Zürich
Die Originalausgabe »Five Patients«
erschien bei Alfred Knopf Inc., New York

Aus dem Amerikanischen von Norbert Wölfl
Umschlaggestaltung Franz Wöllzenmüller, München
Umschlagfoto Teasy/ZEFA
Satz Utesch, Hamburg
Druck und Bindung Augsburger Druckhaus, Augsburg
Printed in Germany
ISBN 3-426-00566-2

Michael Crichton:
Notaufnahme

Fünf Schicksale zwischen Leben und Tod

Droemer Knaur

*Für Joan,
die weiß,
wie es gewesen ist.*

Inhalt

Ärzte und Krankenschwestern sind die einzigen, die an der Versorgung der Patienten etwas ändern könnten.
Paul B. Beeson

Die Gesundheit ist als riesiges gesellschaftspolitisches Unternehmen zu wichtig, um allein den Dienstleistungsbetrieben überlassen zu werden.
William L. Kissick

Vorwort

In letzter Zeit wurde viel Unsinn über die sogenannte »Neue Medizin« geredet. Wenn dieser Begriff irgendeinen Unterschied zu einer alten Art der Medizin ausdrücken soll, dann besagt er überhaupt nichts. Es ist nicht so, als hätte die Medizin eine Wasserscheide überschritten, einen triumphalen Durchbruch erzielt, einen Quantensprung in wissenschaftlicher, technologischer oder gesellschaftlicher Hinsicht vollführt.

Und dennoch spürt man innerhalb der Medizin, daß sich etwas verändert hat. Es läßt sich schwer definieren, da es nicht um die Folgen der Veränderung, sondern vielmehr um die Tatsache dieses Wandels selbst geht.

Als ich mich im Frühjahr 1969 im Massachusetts General Hospitals umzusehen begann, bekam ich das ungute Gefühl, daß es in diesem System zuviel Veränderung und Instabilität gab. Ich kam mir ein wenig wie ein Reporter vor, der für sein Interview einen ungünstigen Zeitpunkt erwischt hat. Erst später erkannte ich, daß es einen »günstigen« Zeitpunkt gar nicht gibt, weil der stete Wandel eine Dauererscheinung im Krankenhausbereich ist. Das wahre Sinnbild der modernen Medizin ist nicht Hippokrates, sondern Heraklit.

Will man diesen Wandel untersuchen, muß man um etwa fünfzig Jahre zurückgreifen, in die Zeit, in der die systematische Forschung die ersten größeren wissenschaftlichen und technischen Fortschritte hervorbrachte. Diese Fortschritte haben die Medizin bereits revolutioniert, doch ein Ende ist noch nicht abzusehen. Das Tempo des Wandels hat sich sogar noch verschärft. In den letzten zehn Jahren gesellten sich zu dem Druck, der von Wissenschaft und Technik ausging, noch soziale Forderungen und weckten den Bedarf nach einem neuen Konzept der ärztlichen Versorgung, einer neuen Ethik ärztlicher Verantwortung, einer Umstrukturierung der Institutionen zum Zweck einer breiteren und verbesserten Versorgung.

Die Folge davon ist, daß die Medizin zwar kein völlig anderer Berufsstand geworden ist, wohl aber einem ständigen Wandel unterliegt. Man glaubt heute nicht mehr, nach einigen wenigen Anpassungen zum Status quo zurückkehren zu können, denn das System wird sich nie wieder stabilisieren. Nichts ist beständig, nur der Wandel selbst.

Von diesem Standpunkt aus gesehen sind die Erfahrungen von fünf Patienten in der Poliklinik einer Universität hochinteressant. Es soll gleich vorausgeschickt werden, daß weder diese Patienten noch das Krankenhaus, in dem sie behandelt wurden, in irgendeiner Weise typisch sind. Sie werden nur deshalb vorgestellt, weil ihre Erfahrungen Hinweise auf einige Formen des Wandels in der heutigen Medizin geben können. Diese fünf Patienten wurden aus einer Gruppe von dreiundzwanzig ausgewählt, die alle in den ersten sieben Monaten des Jahres 1969 aufgenommen wurden. Bei den Gesprächen mit diesen Patienten und ihren Angehörigen wies ich mich als Medizinstudent im achten Semester aus, der ein Buch über das Krankenhaus schreibt. Die Namen der Patienten und andere charakteristische Einzelheiten wurden verändert. Ich wählte gerade diese fünf aus einer größeren Anzahl, weil ich ihre Erlebnisse in gewisser Hinsicht für besonders interessant oder bedeutsam hielt. Dieses Buch ist daher eine sehr willkürliche und persönliche Darstellung, gestützt auf die individuellen Beobachtungen eines Medizinstudenten, der durch ein großes Krankenhaus wanderte, seine Nase hier und dort hineinsteckte, mit einigen Leuten sprach, andere beobachtete, um herauszufinden, was das alles zu bedeuten hatte. Falls es überhaupt etwas bedeutet.

M. C.
La Jolla, Kalifornien
15. November 1969

Ralph Orlando

Einst und jetzt

In den frühen Morgenstunden wurde das Massachusetts General Hospital von der Harvard-Universität verständigt, daß eventuell einige Studenten, die ein Universitätsgebäude aus Protest gegen ihre Einberufung zum Wehrdienst besetzt hielten, nach ihrer gewaltsamen Entfernung mit Verletzungen eingeliefert werden könnten. Das war um 5 Uhr morgens. Obwohl die Berichte von fünfzig Verletzten sprachen, wurde kein einziger ins MGH gebracht.

Um 5 Uhr 45 legte sich der letzte der Ärzte der Unfallstation schlafen. Voll angekleidet streckte er sich auf einem Feldbett in einem der Behandlungsräume aus. An die Tür hatte er einen Zettel geheftet, der seinen Namen trug und die Zeile: »Um 6 Uhr 30 wecken.« In einem anderen Behandlungsraum auf der gegenüberliegenden Seite des Ganges schliefen zwei Chirurgen, in einem dritten einer der Internisten.

Auch ohne die Harvard-Studenten hatten sie eine arbeitsreiche Nacht hinter sich. Kurz nach Mitternacht waren zwei Studenten in die Unfallstation eingeliefert worden, die sich bei einem Motorradunfall Beckenbrüche zugezogen hatten. Sie wurden sofort in den OP gebracht. Später folgten ein einundvierzigjähriger Mann mit einem Herzanfall, eine achtzigjährige Frau mit Herzkrämpfen und ein sechsunddreißigjähriger Mann mit akuter Entzündung der Bauchspeicheldrüse. Ein älterer Mann mit einem metastatischen Karzinom und Nierenversagen war um 3 Uhr früh gestorben. Hinzu kam die übliche Anzahl von Patienten mit Halsschmerzen, Husten, Abschürfungen, Prellungen, verschluckten oder eingeatmeten Fremdkörpern, Zerrungen, Gehirnerschütterungen, ausgerenkten Schultern, Kopfschmerzen, Rückenschmerzen, Brüchen, Magenschmerzen, Verstauchungen, Atembeschwerden und Schmerzen in der Brust.

Um 6 Uhr 30 standen einige der jüngeren Ärzte und Internisten auf, um Laboruntersuchungen vorzunehmen und nach den Patienten zu sehen, die zur Beobachtung in die Wachabteilung neben der Unfallstation verlegt worden waren. Diese Beobachtungsstation nimmt Patienten bis zur Dauer von höchstens drei Tagen auf. Sie wurde für Patienten eingerichtet, deren Beobachtung länger als nur einige Stunden beansprucht, beispielsweise bei Verdacht innerer Blutungen oder schwerer Gehirnerschütterungen. In der Praxis wird sie jedoch auch für Patienten benutzt, die schwerkrank sind, bei ihrer Aufnahme jedoch kein Bett mehr bekommen konnten.

Um 7 Uhr war in der Beobachtungsstation Visite der Chirurgen. Innerhalb von dreißig Minuten wurden sechs Fälle durchgesprochen. Die meiste Zeit widmete man der Patientin mit der Rückfallblutung eines Magengeschwürs. Sie lag nun schon den zweiten Tag im Krankenhaus, und ihr Zustand hatte sich stabilisiert, nachdem sie am Vortag fünf Blutkonserven bekommen hatte. Normalerweise wäre das kein Fall für die Chirurgie gewesen, doch bei zwei früheren Einlieferungen hatte sich bei ihr genau dasselbe Bild ergeben: massive, unerwartete Blutung, daraufhin Stabilisierung nach der Transfusion im Krankenhaus. Die Ärzte befürchteten, daß sie das nächste Mal verbluten könnte, noch bevor sie das Krankenhaus erreichte. Die Ärzte der Unfallstation nahmen an dieser Visite teil, da es für sie frühmorgens am wenigsten zu tun gibt. Nicht weit entfernt, in der Akuten Psychiatrie, herrschte jedoch Hochbetrieb. Diese Abteilung hat am Morgen stets einige Patienten aufzunehmen – Leute, die in der vergangenen Nacht aus irgendwelchen Gründen nicht schlafen konnten.
In einem der vier Sprechzimmer der Akuten Psychiatrie saß kettenrauchend eine neunzehnjährige Frau, die von ihrem Ehemann getrennt lebte. Sie erzählte von ihren fehlgeschlagenen Versuchen, ihre dreijährige Tochter umzubringen: zuerst durch Erhängen, dann durch Ersticken mit einem Kissen, schließlich durch Gasvergiftung. Sie habe nur gewollt, daß das Kind zu weinen aufhörte. Das Weinen mache sie wahnsinnig. Warum sie in die Psychiatrie gekommen war? »Ich wollte mit jemandem reden, ich meine, das ist doch nicht natürlich – oder? Das ist doch unnatürlich, ein Kind, das dauernd weint?«
In einem anderen Zimmer zählte ein vierzigjähriger Buchhalter eine Liste von acht Gründen auf, weshalb er die Scheidung gegen seine Frau einleiten müsse. Er hatte die Liste niedergeschrieben, um bei seinem Gespräch mit dem Arzt ja nichts zu vergessen.
In einem dritten Raum erklärte eine junge Studentin eine auf Partys immer wieder auftretende Erscheinung, die sie deprimierte und bekümmerte. Sie hatte dann das Gefühl, unsichtbar zu sein und sich selbst von einer entgegengesetzten Ecke des Raums aus zu beobachten. Vor zwei Tagen hatte sie einen Selbstmordversuch unternommen, indem sie ein ganzes Röhrchen Aspirin schluckte, doch sie hatte die Tabletten gleich wieder erbrochen.
Im vierten Sprechzimmer gestand ein einundfünfzigjähriger Bauarbeiter, daß er fürchte, plötzlich sterben zu müssen. Er wußte, daß seine Angst grundlos war, aber er konnte sie nicht abschütteln. Seine Arbeit leide bereits darunter, weil er Angst habe, sich anzustrengen und schwere Gegenstände zu heben. Außerdem quälten ihn Schlaflosigkeit, Reizbarkeit und böse Kopfschmerzen. Bei der Befragung stellte sich heraus, daß

sein Vater vor sechs Jahren plötzlich an einem Schlaganfall gestorben war. In der Erinnerung des Patienten war sein Vater »ein kalter Fisch, den ich nie recht leiden mochte«.
Im Vorzimmer der Psychiatrie warteten noch drei weitere Patienten auf ein Gespräch mit den Fachärzten. Eine Frau weinte leise vor sich hin. Eine andere starrte mit leerem Blick zum Fenster hinaus. Ein Herr in mittleren Jahren, der einen Smoking und ein Rüschenhemd trug, lächelte allen anderen ermutigend zu.

Morgens um 8 Uhr 30 erschien auf der Unfallstation eine sechzigjährige Witwe und wollte sich von einem Arzt ihren Niednagel entfernen lassen. In der Aufnahme wurde ihr achselzuckend erklärt, das würde vierzehn Dollar kosten. Die Frau bestand darauf – die Sache sei ihr das Geld wert. Die Krankenhausangestellte lehnte die Behandlung jedoch ab und sagte ihr, sie solle sich ihren Nagel selbst schneiden. Die Frau ließ sich nicht abweisen und lief eine Viertelstunde lang herum, bis sie schließlich einen Stationsarzt zu fassen bekam. Sie schob ihren Arm unter den seinen und forderte ihn auf, bitte ihren Niednagel zu schneiden, da er doch ein so netter junger Doktor sei. Er tat es, und sie bekam ihre Rechnung.
Zwanzig Minuten später wurde von der Polizei eine fünfunddreißigjährige Hausfrau eingeliefert. Sie war in der U-Bahn zusammengebrochen und hatte einen epileptischen Anfall erlitten. Kurz darauf wurde aus einem Pflegeheim ein alter Mann mit einem Dickdarmkrebs in sehr bedenklichem Zustand ins Krankenhaus überführt. Das Karzinom hatte bereits Metastasen gebildet. Auf der Unfallstation kam es zu einem Herzstillstand, und er starb kurz vor Mittag.
Um die Mittagszeit brachte eine Mutter ihr achtzehn Monate altes Kind, das an einem Hautausschlag litt. Die Mutter wollte wissen, ob es sich um Röteln handelte. Sie war schwanger und hatte diese Krankheit noch nicht gehabt. Es wurden tatsächlich Röteln festgestellt. Die im sechsten Monat schwangere Mutter konnte jedoch beruhigt werden: Ihr drohte keine Gefahr.
Etwa um dieselbe Zeit kam eine achtzehnjährige Büroangestellte, begleitet vom Personalchef ihrer Firma. Das Mädchen war angeblich nach dem Mittagessen zusammengebrochen. Zum Zeitpunkt der Aufnahme war sie zwar bei Bewußtsein, aber sie konnte oder wollte kein Wort sagen. Sie wurde in einem Einzelzimmer unter Beobachtung gestellt. Sofort rollte sie sich zusammen und verbarg den Kopf unter der Decke. Da sie organisch offenbar gesund war, zog man einen Psychiater hinzu. Er stellte einen akuten Nervenzusammenbruch fest. Inzwischen waren auch ihre Angehörigen und einige Kollegen eingetroffen. Alle äußerten sich bestürzt über den plötzlichen Zusammenbruch und bestätigten überein-

stimmend, daß sie sich früher niemals auffallend benommen habe. Der Psychiater ging kopfschüttelnd wieder.
Um 13 Uhr kam ein Mann mit einer tiefen Rißwunde am Zeigefinger; dann eine Frau mit Halsschmerzen; ein weiterer Mann mit einem verrenkten Finger, er war damit in eine zuschlagende Taxitür geraten; eine Mutter brachte ihren achtjährigen Jungen. Der Kleine war am Morgen vom Rad gefallen und hatte sich den Kopf angeschlagen. Die Mutter konnte nicht sagen, ob er bewußtlos gewesen war oder nicht, aber sie stellte bei dem Jungen ein eigenartiges Verhalten fest. Außerdem hatte er mittags nichts essen wollen.
Weitere schwere Fälle wurden nicht eingeliefert. Die Atmosphäre in der Notaufnahme entspannte sich im Laufe des Nachmittags etwas. Die Ärzte nahmen die Gelegenheit wahr, sich auszuruhen, im Bereitschaftsraum Kaffee zu trinken und Krankenberichte nachzutragen.
Das änderte sich um 15 Uhr 40 schlagartig. Die Station des Krankenhauses am Logan-Flughafen rief an und meldete einen Unfall: Ein Dutzend Bauarbeiter waren verletzt worden und in Krankenfahrzeugen sowie Streifenwagen unterwegs ins Zentralkrankenhaus. Mindestens zwei der Verletzten sollten ins Boston City Hospital kommen. Das Massachusetts General Hospital mußte demnach mit bis zu zehn Aufnahmen rechnen. Über die Art der Verletzungen war nichts bekannt, aber es mochten durchaus ein paar schwere Fälle darunter sein.
Der Verwaltungschef der Unfallstation gab Katastrophenalarm. Er verständigte alle Abteilungsleiter von dem zu erwartenden Ansturm. Diese wiederum mobilisierten alles verfügbare Personal aus den übrigen Abteilungen. Innerhalb weniger Minuten strömten Internisten, Stationsärzte und Chefärzte in die Notaufnahme. Krankenschwestern und Pfleger verlegten bereits Patienten, die sich noch in den Behandlungsräumen befanden. Die Korridore wurden freigemacht, Instrumentenwagen kontrolliert. Insgeheim war jeder froh darüber, daß an diesem Tag kein Hochbetrieb geherrscht hatte; es war praktisch keinerlei Rückstand aufzuarbeiten.
Solche Stauungen machen dem Personal der Unfallstation immer Sorgen. Die Station ist darauf eingerichtet, rund um die Uhr alle acht Minuten einen Patienten zu behandeln. Jeder fünfte dieser Notfälle wird ins Krankenhaus eingeliefert. Das bedeutet alle vierzig Minuten eine Neuaufnahme. Ein atemberaubendes Tempo, aber für ein Krankenhaus nichts Außergewöhnliches. Obgleich die Abfertigung der Patienten in der Notaufnahme oder Unfallstation fast immer glatt verläuft, gibt es doch meistens einen Rückstand. Dieser Tag war eine Ausnahme.
Sonst saßen meistens drei bis zehn Patienten in den Wartezimmern, weitere sechs bis zehn in den verschiedenen Behandlungsräumen und

noch einmal vier oder fünf in einem besonderen Nebenraum, wo sie auf Röntgenaufnahmen, orthopädische Untersuchungen oder die Versorgung kleiner Wunden warteten. Diesen Rückstand behalten die Stationsärzte stets im Auge. Vergrößert er sich, so ist das immer ein Anlaß zur Besorgnis, weil niemand voraussagen kann, ob nicht irgendwo sechs Autos zusammenstoßen, ein Feuer ausbricht oder irgendeine andere Katastrophe das Krankenhaus auf eine harte Kraftprobe stellt. Das ist ungefähr so, als wollte man den Verkehr regeln, ohne zu wissen, wann der Stoßverkehr einsetzt.

Als erster Patient vom Logan-Flughafen traf Thomas Savio ein, ein siebenundzwanzigjähriger bärtiger Bauarbeiter. Ein Krankenwagen der Staatspolizei brachte ihn, er war in eine graue Wolldecke eingewickelt. Er zitterte und hatte schwere Rißwunden im Gesicht.

»Gleich kommt ein noch schlimmerer Fall«, sagte einer der Polizisten. Sekunden später traf John Conamente ein. Der Mann stöhnte. Als er hereingetragen wurde, fragte ihn einer der Stationsärzte, wo er denn Schmerzen habe. Er antwortete, es seien die Schulter und das Bein. Der nächste war Albert Sorono. Auch er wurde auf einer Trage hereingebracht und klagte über Schmerzen in der Brust und über Atembeschwerden.

Das Wartezimmer hatte sich inzwischen mit Polizeibeamten gefüllt. Von den Angehörigen der Verletzten war noch niemand eingetroffen. Mitarbeiter des Krankenhauses, die nicht über den Unfall unterrichtet worden waren, aber die vielen Polizeiuniformen bemerkt hatten, erkundigten sich, was denn geschehen sei. Zu diesem Zeitpunkt wußte noch niemand genau, wie sich der Unfall eigentlich ereignet hatte. Darüber herrschte ziemliche Verwirrung. Die meisten glaubten, auf dem Flugplatz sei eine Maschine abgestürzt. In der Halle sammelten sich Neugierige. Die Notaufnahme hatte alle Hände voll zu tun, die Personalien der Verletzten aufzunehmen und die Zugänge freizuhalten.

»Es kommen noch sieben Verletzte«, sagte einer immer wieder.

Wenige Minuten später rollte ein weiterer Krankenwagen durch die Einfahrt. Er brachte den fünfundfünfzigjährigen Ralph Orlando, Vater von vier Kindern. Bei ihm war auf dem Weg ins Krankenhaus Herzstillstand eingetreten. Eine Krankenschwester, die beim Abladen zufällig als erste hinzukam, begann sofort mit der geschlossenen Herzmassage. Orlando wurde im Laufschritt hineingerollt. Ein Stationsarzt übernahm die Massage. Der Patient kam in den OP 1. Dort wurden mit allen verfügbaren Mitteln Wiederbelebungsversuche eingeleitet.

Die Wiederbelebung der Herztätigkeit ist heute so gang und gäbe, daß nur wenige ahnen, wie neu diese Methode ist. Die Prinzipien der geschlossenen Herzmassage wurden erstmals 1960 ausführlich beschrieben. (Sie waren bereits im neunzehnten Jahrhundert einmal festgelegt worden, aber niemand wandte diese Technik an.) Vor dieser Zeit führte ein Herzstillstand fast mit Sicherheit zum Tode. Man hielt die offene Massage für die einzige Behandlungsmöglichkeit. Dabei macht der Chirurg einen Einschnitt in den Brustkorb und massiert das freiliegende Herz mit der Hand. Diese Methode führt zwar oft zum Erfolg, aber langfristig nützt sie nur selten etwas. Eine Untersuchung aus dem Jahre 1951 zeigt, daß von den Patienten, bei denen eine offene Herzmassage vorgenommen wurde, nur ein Prozent als geheilt entlassen werden konnte. Diese Zahl gilt noch immer. Die offene Herzmassage ist heute nur noch ein allerletzter Versuch.

Die geschlossene Massage beruht auf dem anatomischen Umstand, daß das Herz im Brustkasten zwischen Brustbein und Rückgrat nur wenig Spielraum hat. Ein rhythmisch auf das Brustbein ausgeübter Druck preßt das Herz so weit zusammen, daß es zu pulsieren beginnt. Daher ist eine offene, unmittelbare Massage überflüssig, und man vermeidet die Gefahren eines solchen Eingriffs.

Der Zweck der Herzmassage besteht darin, die Blutzirkulation aufrechtzuerhalten und, in Verbindung mit künstlicher Beatmung, das Gehirn mit Blutsauerstoff zu versorgen. Das Gehirn ist das für Sauerstoffmangel anfälligste Organ. In den meisten Fällen stellen sich Schädigungen schon nach dreiminütigem Aussetzen des Kreislaufs ein. Das Herz dagegen ist wesentlich robuster und kann auch nach einer Pause von zehn oder mehr Minuten wieder zu schlagen beginnen. Aber dann ist das Gehirn, wenn nicht zuvor die Wiederbelebung eingeleitet wurde, bereits beschädigt.

Manchmal genügt schon das bloße Zusammenpressen des Herzens, um es wieder zum Schlagen anzuregen, aber im allgemeinen wird die Massage von verschiedenen anderen Maßnahmen zur Behandlung der Veränderungen begleitet, die der Stillstand im Kreislauf hervorgerufen hat. Hierzu gehört die Injektion von Adrenalin, Calcium und doppeltkohlensaurem Natrium. Die Erfahrungen des letzten Jahrzehnts mit dieser kombinierten Methode haben gezeigt, daß Herzstillstand in erstaunlich vielen Fällen erfolgreich behandelt werden kann.

Bei Ralph Orlando wurde die übliche Therapie angewandt: indirekte Massage und künstliche Beatmung mit gleichzeitiger Injektion von verschiedenen Substanzen zur Korrektur der Stoffwechselstörungen. Eine spontane Kontraktion des Herzmuskels stellte sich jedoch nicht ein. Daraufhin ging man mit Stromstößen gegen das Herzflimmern an.

Niemand hatte eine Ahnung, wieviel Zeit vergangen war, seit bei Orlando der Herzstillstand eingetreten war. Sein Begleiter im Krankenwagen würde es vermutlich wissen, doch konnte er nicht ausfindig gemacht werden.

Die Herzschock-Therapie blieb erfolglos. Nun injizierte man mit Hilfe einer langen Nadel Adrenalin und Calcium direkt in die rechte Herzkammer, gleichzeitig wurden die Stromstöße fortgesetzt. Seit der Einlieferung des Patienten waren nun zwölf Minuten verstrichen.
Während dieser Behandlung kümmerten sich die übrigen Mitarbeiter der Unfallstation um die anderen Patienten. Ein Stationsarzt erhielt den Auftrag, die Behandlung eines jeden Eingelieferten zu überwachen. Im Operationssaal versammelten sich auch um John Conamente, gegenüber von Orlando, einige Leute. Er wurde von den Orthopäden untersucht, bekam gleichzeitig Infusionsleitungen in beide Arme, Blutproben wurden entnommen, ein Katheter angelegt. Der Stationsarzt, der ihn befragte, stand an seinem Kopf und mußte schreien, um sich in dem allgemeinen Krach verständlich zu machen. Er nahm die übliche kurzgefaßte Krankengeschichte auf, die unter normalen Umständen zehn bis zwanzig Minuten gedauert hätte.
Der Arzt fragte: »Was ist passiert? Ist etwas auf Sie gefallen?« (Zu diesem Zeitpunkt wußten die meisten immer noch nichts über die Art des Unfalls. Bekannt war nur, daß irgendein Gegenstand auf eine Gruppe von Bauarbeitern gefallen war.)
»Ja«, sagte John Conamente.
»Wo hat es Sie getroffen?«
»Mein Bein.«
»Wo noch? Schulter auch?«
»Ja.«
»Hat es Ihren Kopf getroffen?«
»Nein.«
»Waren Sie bewußtlos?«
»Nein.«
»Tut Ihr linker Arm weh?«
»Ja.«
»Der andere auch?«
»Nein.«
»Schmerzen im rechten Bein?«
»Ja.«
»Sonst noch irgendwo Schmerzen?«
»Nein.«
»In der Brust?«
»Nein.«
»Beschwerden beim Atmen?«
»Nein.«
»Bauchschmerzen?«
»Nein.«

»Rückenschmerzen?«
»Nein.«
»Waren Sie schon einmal in einem Krankenhaus?«
»Nein.«
»Sind Sie schon einmal operiert worden?«
»Nein.«
»Irgendwelche Herzbeschwerden?«
»Nein.«
»Nieren?«
»Nein.«
»Sind Sie gegen irgend etwas allergisch?«
»Nein.«
»Können Sie mich deutlich sehen?«
»Ja.«
Der Arzt hob die Hand und spreizte seine Finger. »Wie viele Finger?«
»Fünf. Ich hab' Durst. Kann ich etwas zu trinken bekommen?«
»Ja, später.«
Die Orthopäden hatten inzwischen ihre Untersuchung abgeschlossen. Conamente hatten den linken Arm und das rechte Bein gebrochen.
Auf dem Flur arbeitete eine andere Gruppe an Thomas Savio, der über Atembeschwerden, Schmerzen in der Brust und im Unterbauch klagte. Über der rechten Hüfte hatte er eine große Schramme. Es bestand Verdacht auf Beckenbruch und Rippenbrüche. Eine Rißwunde an der Stirn blutete zwar heftig, war jedoch nur oberflächlich. Er wurde zur Röntgenuntersuchung weggebracht.
Im OP 1 wurden unterdessen die Wiederbelebungsversuche bei Ralph Orlando eingestellt. Seit seiner Einlieferung ins Krankenhaus war eine halbe Stunde vergangen. Die Ärzte gingen hinaus, um bei den anderen Patienten zu helfen. Die Tür des Saales wurde geschlossen. Nur zwei Schwestern blieben zurück, um Infusionsleitungen und Katheter zu entfernen und den Toten in ein Tuch zu hüllen.
In der Halle saß John Lamonte, einer der Arbeiter, in einem Rollstuhl und berichtete, was geschehen war. Obwohl er aus einer Höhe von zehn Metern abgestürzt war, hatte er von allen noch die geringsten Verletzungen davongetragen.
»Wir waren auf einem Gerüst«, sagte er, »bauten an einem Flugzeughangar. Es waren drei Gerüste, alle an die zehn oder zwölf Meter hoch. Eins davon hat der Wind umgeblasen. Es ist ganz langsam eingestürzt, wie in einem Traum. Es waren ungefähr zwölf Mann drauf und noch ein paar drunter.« Um ihn sammelte sich eine Schar von Zuhörern.
Auf der anderen Seite der Halle telefonierte einer der Angestellten für eine Frau mit dem Stadtkrankenhaus. Ihr Schwager war dorthin und nicht

ins Allgemeine gebracht worden. Die Frau biß sich auf die Fingernägel und beobachtete genau den Gesichtsausdruck des Telefonierenden. Schließlich legte er auf und sagte: »Es geht ihm gut. Nur ein paar Risse im Gesicht und an den Händen. Sonst ist alles in Ordnung.«
»Gott sei Dank«, sagte die Frau.
»Wenn Sie hinfahren wollen – draußen stehen Taxis.«
Die Frau schüttelte den Kopf. »Mein Mann ist hier.« Sie deutete in Richtung auf die Behandlungsräume.
Ralph Orlando wurde auf einer Bahre hinausgefahren. Eine Frau, die gerade zur Behandlung von Abschürfungen an den Ellbogen in die Unfallstation gekommen war, starrte auf die Leiche herab. »Ist er tot?« fragte sie. »Ist er tot?«
Jemand sagte ihr, ja, er sei tot.
»Warum decken Sie ihm so das Gesicht zu?« fragte sie und machte große Augen.
In einer anderen Ecke des Raums hatte unbewegt eine Frau mit einem kleinen Kind gesessen. Sie führte das Kind hinaus, als der Tote weggefahren wurde.
Dann wurde auf der Station bekannt, daß keine weiteren Unfallopfer zu erwarten seien. Mehr als die sechs Eingelieferten würden nicht mehr kommen. Der Tumult legte sich allmählich. Die Leute liefen nicht mehr hin und her. Man hatte das Gefühl, daß die Situation unter Kontrolle war. Die Beamten der Staatspolizei waren größtenteils gegangen, aber es trafen noch immer Angehörige ein.
Mrs. Orlando, eine untersetzte Frau in Begleitung von zwei halbwüchsigen Kindern, gehörte zu den vielen, die versuchten, aus der Halle sofort in die Behandlungsräume zu gelangen. Daran wurden die Angehörigen jedoch gehindert, weil sich allein schon das Krankenhauspersonal gegenseitig auf die Füße trat. Mrs. Orlando ließ jedoch nicht locker. Sie wurde um so hartnäckiger, je mehr Widerstand sie spürte. Die Verwaltungsangestellten bemühten sich, sie aus der Halle in ein abgelegenes Wartezimmer zu lotsen. Sie verlangte jedoch, auf der Stelle ihren Mann zu sehen. Da sagte man ihr, daß er gestorben sei.
Sie schien förmlich einzuschrumpfen. Man sah ihr an, wie sie verfiel. Und dann schrie sie auf. Ihre Tochter schluchzte leise vor sich hin, der Sohn schlug blindlings nach dem Krankenhauspersonal, Tränen in den Augen. Nach einer Weile trommelte er mit den Fäusten gegen die Wand, aber dann folgte er dem Beispiel seiner Schwester und bemühte sich, die Mutter zu trösten.
»Nein, nein, das dürfen Sie nicht sagen!« schrie sie. Aber sie ließ sich endlich in einen anderen Raum führen. Es folgte ein kurzes Schweigen, dann begann sie laut zu weinen. Eine ganze Stunde lang schluchzte sie.

Ein Student vom Technologischen Institut, der hier eine Computer-Studie durchführte, hatte den ganzen Vorgang beobachtet. »Ich begreife nicht, wie hier noch jemand arbeiten kann«, sagte er.
Martin Nathan, ein Chirurg, kam vorbei und sagte zu ihm: »Man kann hier gute und böse Erfahrungen sammeln. Das war eine böse.«
»Gibt es denn auch gute?« fragte der Student.
»Ja«, antwortete der Stationsarzt. »Die gibt es.«
Wenige Minuten später ging eine Krankenschwester mit einem Beruhigungsmittel zu Mrs. Orlando und ihren beiden Kindern. Gleich darauf lief die Bestätigung ein, daß die anderen Unfallopfer in den übrigen Krankenhäusern versorgt waren. Die fünf Patienten auf der Unfallstation waren untersucht und vorläufig behandelt worden. Drei von ihnen sollten innerhalb der nächsten Stunde operiert werden. Zu zweit und zu dritt entfernten sich die Helfer aus den anderen Abteilungen. Langsam stellte sich die gewohnte Routine wieder ein. Seit der Einlieferung des ersten Patienten waren eine Stunde und zehn Minuten vergangen.
Um 18 Uhr kam ein sechsundvierzigjähriger Versicherungsvertreter, der Blut erbrochen hatte. Zwanzig Minuten später brachte ein Mann seine einundsechzigjährige Mutter, die plötzlich nicht mehr sprechen konnte und Gleichgewichtsstörungen hatte. Ihr folgte eine neunzehnjährige Studentin, die beim Geschirrspülen ein Glas zerbrochen und sich dabei in den Knöchel geschnitten hatte. Um 19 Uhr wurde ein dreizehnjähriger Schüler eingeliefert, der von einem Auto beiseite geschleudert worden war; er hatte eine klaffende Kopfverletzung. Um 19 Uhr 30 war es ein Kind, das aus dem Bett gefallen war und sich dabei die Stirn aufgerissen hatte. Um 20 Uhr ein Fünfzigjähriger mit einem Herzanfall. Minuten später ein zwanzigjähriges Mädchen, das ein Röhrchen Schlaftabletten geschluckt hatte; ein zweijähriges Kind, das dauernd weinte und sich am Ohr zupfte; ein Neunzehnjähriger mit akuter Blinddarmentzündung; eine bewußtlose sechsunddreißigjährige Frau, die mit ihrem Wagen gegen einen Telefonmast gefahren war; ein neunundfünfzigjähriger Alkoholiker mit Gesichtsverletzungen, der behauptete, von zwei Matrosen zusammengeschlagen worden zu sein; ein Mann, der vermutlich in einem diabetischen Koma lag; ein Schriftsetzer mit verbrannter linker Hand; ein älterer Mann, der sich bei einem Sturz den Hüftknochen gebrochen hatte; ein achtundvierzigjähriger Mann mit Bauchschmerzen und rektalen Blutungen.
Um Mitternacht kam eine Frau, die über Druckschmerzen in der Brust klagte; um 2 Uhr ein Zweiundsechzigjähriger, von dem man wußte, daß er Krebs hatte, mit hohem Fieber; eine Lehrerin, die zwei Monate zuvor eine Bauchoperation durchgemacht hatte, wurde mit allen Symptomen eines Dünndarmverschlusses eingeliefert.

Der letzte Arzt kam kurz vor 5 Uhr morgens ins Bett. Er legte sich voll bekleidet auf ein Feldbett in einem der Behandlungsräume. An die Tür heftete er einen Zettel mit der Bitte: »Weckt mich um 6 Uhr 30.«

George Orwell hat einmal geschrieben: »Trotz aller Freundlichkeit und Tüchtigkeit wird es bei jedem Todesfall im Krankenhaus irgendein grausames, schmutziges Detail geben, das vielleicht gar nicht entdeckt werden kann, das aber doch schmerzhafte Erinnerungen hinterläßt. Es ergibt sich aus der Hast, der Überfüllung, der Unpersönlichkeit eines Hauses, in dem täglich Menschen unter lauter Fremden sterben.«

Diese Beschreibung könnte auch auf den Tod Ralph Orlandos und die brutale Weise zutreffen, in der seine Angehörigen davon unterrichtet wurden. Man kann sich jedoch nicht vorstellen, daß etwas Ähnliches außerhalb der Unfallstation in einer anderen Abteilung des Krankenhauses vorkommen könnte. In der Unfallstation treten Hast, Überfüllung und Unpersönlichkeit in konzentriertester Form auf. In vieler Hinsicht ist die Unfallstation auch der Ort, an dem man die Arbeit des Krankenhauses mit all ihren positiven und negativen Seiten am besten beobachten kann. Die Unfallstation ist eine Art Mikrokosmos, in dem sich das Krankenhaus als Ganzes spiegelt.

Die Belastung dieser Abteilung hat in letzter Zeit gewaltig zugenommen. Seit fast einem Jahrzehnt vergrößert sich die Zahl der Einlieferungen Jahr für Jahr um rund zehn Prozent. In diesem Jahr behandelt sie mehr als 65 000 Patienten. Die Hälfte aller Aufnahmen ins Krankenhaus laufen durch diese Station. Dieser Umstand wirkt sich natürlich auch auf andere Aspekte des Krankenhausbetriebs aus. So müssen bei normalen Einweisungen manchmal Wartezeiten bis zu zwölf Wochen hingenommen werden, weil die Notfälle Vorrang genießen. Wenn der betroffene Patient beispielsweise an einem operablen Krebs leidet, wird man für eine derartige Verzögerung kein Verständnis aufbringen können.

Der Trend zeichnet sich deutlich ab. Das Krankenhaus ist auf die Heilbehandlung gewisser bekannter Krankheiten eingerichtet, die ein akutes oder kritisches Stadium erreicht haben. Es wird immer mehr mit Patienten belegt, die unter einer akuten Erkrankung leiden; selbst die Krebsbehandlung muß hierbei in etwa zurücktreten. Nichts weist darauf hin, daß sich das Krankenhaus passiv in diese Rolle drängen ließ. Im Gegenteil: Sie scheint nur die logische Auswirkung vieler Aspekte seiner Entwicklung zu sein.

Das Massachusetts General Hospital besteht heute aus vierzehn Gebäuden an den Ufern des Charles-Flusses. Hierzu gehören auch der älteste Trakt, das sogenannte »Bulfinch-Gebäude«, sowie als neueste Ergänzungen das »Gray-Gebäude« und der noch im Bau befindliche »Jackson Towers«. Insgesamt ist das Allgemeine Krankenhaus mit über tausend Betten eines der größten Hospitäler der Vereinigten Staaten.

Unsichtbar daneben besteht ein ebenso großer Komplex all jener Gebäude, die in den letzten hundertsechsundvierzig Jahren errichtet und wieder abgerissen wurden: die Isolierabteilungen, ein Haus für anstekkende Krankheiten und die vielen Operations- und Laborräume, die entsprechend den Anforderungen der medizinischen Praxis und der sich wandelnden Krankheitsstruktur kamen und gingen.

Das Krankenhaus ist inzwischen zu einem so gewaltigen Betrieb angewachsen, daß es schwer ist, ihn noch ganz zu überschauen. Im Jahre 1967 nahm es 27 000 Patienten auf, führte 16 000 Operationen durch, behandelte in der Unfallstation 62 000 Patienten, röntgte weitere 115 000, versorgte 226 000 klinische Fälle und bearbeitete in seiner Apotheke 176 000 Rezepte. Diese Zahlen sind so gewaltig, daß sie fast schon wieder bedeutungslos wirken.

Einen besseren Einblick in die Arbeit des Krankenhauses erhält man, wenn man einen Vierundzwanzigstundentag beobachtet, wie er sich dreihundertfünfundsechzigmal im Jahr wiederholt. Alle acht Minuten kommt ein Patient in die Unfallstation des Krankenhauses. Alle fünf Minuten werden Röntgenaufnahmen gemacht. Alle zwanzig Minuten erfolgt eine Neuaufnahme zur stationären Behandlung. Und alle dreißig Minuten wird eine neue Operation begonnen.

Das Jahresbudget des Krankenhauses beträgt ungefähr 35 Millionen Dollar. Es ist so stark angewachsen, daß die ursprünglichen Baukosten aus dem Jahre 1821 in Höhe von 140 000 Dollar heute kaum ausreichen würden, die Betriebskosten von eineinhalb Tagen zu decken.

In gleichem Maße wie die Versorgung von Patienten hat auch die Lehrtätigkeit zugenommen. 1821 folgte noch eine Handvoll Medizinstudenten dem Chefarzt bei der Visite von Bett zu Bett. Heute stehen über 800 Personen in der Ausbildung, darunter 250 Medizinstudenten, 304 Assistenten und im Krankenhaus wohnende Ärzte sowie 339 Lernschwestern.

Zu den beiden traditionellen Aufgaben, Behandlung und Lehre, kam als dritter Zweig die Forschung hinzu. Auf diesem Gebiet fand gerade in jüngster Zeit ein gewaltiger Aufschwung statt. Noch 1935 betrug der Forschungsetat des Allgemeinen Krankenhauses von Massachusetts nur 44 000 Dollar. 1967 waren es 10,5 Millionen Dollar, zusätzlich 1,3 Millionen Dollar für indirekte Forschungskosten. Die Forschung hat die Institution Krankenhaus von Grund auf verändert und sie in Verbindung mit der Medizinischen Fakultät zu einem in sich geschlossenen System für den Fortschritt der Medizin gemacht. Hier gelingen Entdeckungen,

werden bei der Behandlung der Patienten angewandt und an eine neue Medizinergeneration weitergegeben.
Diese Ausrichtung auf alles Neue, dieses Mitwirken am wissenschaftlichen Fortschritt sind der Beitrag der Universitätsklinik zur langen Geschichte des Krankenhauses. Auf anderen Gebieten seiner Entwicklung, beispielsweise in der verstärkten Unfallversorgung, folgt die Universitätsklinik dem überall zu beobachtenden Trend – nur tritt es hier deutlicher zutage.

Die Entwicklung des Krankenhauses erstreckt sich auf einen Zeitraum von mehr als zweitausend Jahren, beginnend mit der ersten derartigen Institution, über die ausreichende Nachrichten vorliegen: der *aesculapia* Griechenlands. Die Anstalten tauchten um 350 v. Chr. in Form von Tempeln des Äskulap auf, eines göttlichen Arztes, der fast tausend Jahre zuvor gelebt hatte. (Homer behauptet, Äskulap sei trotz der Tatsache, daß er ein Schüler des Zentauren Chiron war, ein Sterblicher gewesen.) Das legendäre Schicksal Äskulaps entbehrt nicht einer gewissen Ironie; diese Legende beweist nämlich zum erstenmal, daß gute medizinische Versorgung zu Bevölkerungsproblemen führen kann. Äskulap war als Heilkünstler so erfolgreich, daß der Hades ganz entvölkert wurde. Pluto beklagte sich darüber bei Zeus, der Äskulap mit einem Blitzschlag beseitigte.
Die Äskulap-Tempel waren weniger Krankenhäuser als vielmehr religiöse Einrichtungen. In der Hoffnung auf Heilung pilgerten die Kranken zu den Göttern. Der Medizinhistoriker Henry Sigerist führt Lourdes als entsprechende moderne Parallele an.
Wie nicht anders zu erwarten, stellten sich die meisten Heilungen bei Krankheiten ein, die man heute hysterische oder psychosomatische Leiden nennen würde: Kopfschmerzen, Schlaflosigkeit, schlechte Verdauung, Erblinden als Folge emotioneller Traumata und so weiter.
Das Krankenhaus in unserem Sinne kam erst in spätrömischer Zeit auf, etwa gleichzeitig mit der Verbreitung des Christentums in Europa. Das Wort »Hospital« leitet sich ebenso wie »Hotel« von dem lateinischen Wort *hospes* – Gast – ab. Die ersten Hospitäler unterschieden sich auch kaum von Hotels oder Gasthöfen. Sie waren im wesentlichen Einrichtungen, in denen die Kranken untergebracht und ernährt werden konnten, bis sie entweder genasen oder starben. Alle Krankenhäuser wurden von der Kirche betrieben und die meisten waren Klöstern angeschlossen. Mönche und Priester waren die praktizierenden Ärzte.
Der Theoretiker Sigerist bemerkt: »Das Christentum verlieh dem Kranken eine Vorzugsstellung innerhalb der Gesellschaft, die er niemals zuvor besessen hatte. Als das Christentum im Römischen Reich

Staatsreligion wurde, übernahm die Gesellschaft als solche die Verantwortung für die Kranken.«
Aber in der Praxis hatte diese Vorzugsstellung auch ihre Nachteile. Die Zustände in den mittelalterlichen Krankenhäusern waren sehr unterschiedlich. Einige davon, die über reichliche Mittel verfügten und gut geführt waren, erlangten Berühmtheit wegen ihrer humanen Behandlung der Patienten und der schönen, geräumigen Anlage. Aber die meisten waren hauptsächlich Bewahranstalten für lästige Individuen und Leute mit ansteckenden Krankheiten. Typisch für diese Häuser waren Überfüllung, Schmutz und eine hohe Sterblichkeitsrate sowohl unter den Patienten als auch unter dem Personal.
All das führte zu der Auffassung, daß man dem Krankenhaus nach Möglichkeit aus dem Weg gehen sollte. Die wohlhabenderen und aufgeklärteren Patienten wurden zu Hause von Apothekern und Barbieren behandelt. Nur der Arme, der Reisende und der Sterbenskranke fanden den Weg ins Hospital. Für diese Leute wurde es tatsächlich zu einem »Vorzimmer des Todes.«
Renaissance und Reformation lockerten die Macht der Kirche über die Krankenhäuser und die praktische Ausübung der Medizin. In Salerno, Bologna, Montpellier und Oxford entstanden neue Medizinische Fakultäten; in England löste Heinrich VIII. endgültig die Verbindung Krankenhaus–Kloster. Es entstand ein ganzes Netz privater, gemeinnütziger Krankenhäuser auf freiwilliger Basis.
Im Jahre 1622 wurde St. Bartholomäus eine Medizinische Fakultät angegliedert. Dieses Universitätskrankenhaus besteht somit schon seit fast dreihundertfünfzig Jahren. Zu seinen prominentesten Chirurgen und Ärzten zählen William Harvey, der Entdecker des Blutkreislaufs, Percival Pott, der erstmals die Pottsche Krankheit, die Rückenmarkstuberkulose, beschrieb, der hervorragende Neuerer der Chirurgie John Abernethy und Sir James Paget, der die Pagetsche Krankheit entdeckte.
Im siebzehnten Jahrhundert wuchs die Stadt London gewaltig an. Dennoch gab es nur zwei Krankenhäuser: St. Bartholomäus und St. Thomas. Die Anforderungen, die an diese beiden Anstalten gestellt wurden, bewirkten allmählich eine bedeutsame Veränderung ihrer Funktion. Anstatt sich um alle Kranken zu kümmern, konzentrierten sie sich auf die heilbaren Fälle und überließen die unheilbar Kranken den Asylen und Gefängnissen. Um 1700 lautete im St.-Thomas-Krankenhaus die Regel schlicht und einfach: »Unheilbare werden nicht aufgenommen.« Das war eine harte Bestimmung, aber sie bedeutete gleichzeitig, daß die Medizin ihre Kundschaft allmählich einteilte: in solche, denen geholfen werden konnte, und andere, denen nicht mehr zu helfen war. Diese Situation wurde erst etwas humaner, als wenige Jahre später der

wohlhabende Kaufmann Sir Thomas Guy eines der ersten privaten freiwilligen Krankenhäuser gründete, in dem alle Patienten – heilbar oder nicht – versorgt werden sollten.
Das Krankenhaus war inzwischen von seinem Zweck her erheblich moderner geworden, aber es blieb ein Ort, den man fürchtete und mied. George Orwell bemerkt: »Wenn man die Literatur aus der Zeit vor dem Ende des neunzehnten Jahrhunderts betrachtet, stellt man fest, daß ein Krankenhaus allgemein mit einem Gefängnis verglichen wird – noch dazu mit einem ziemlich altmodischen Kerker. Im Krankenhaus herrschen Schmutz, Qualen und der Tod. Es ist eine Art Vorzimmer des Todes. Wer nicht schon mehr oder weniger heruntergekommen war, der wäre niemals auf die Idee gekommen, einen solchen Ort zur Heilung seiner Gebrechen aufzusuchen.« Kein Wunder, daß die ersten amerikanischen Siedler es mit dem Bau von Krankenhäusern gar nicht eilig hatten.

Unter den Passagieren der *Mayflower* befand sich zwar nur ein einziger Arzt, aber im allgemeinen wiesen die ersten Einwanderer nach Massachusetts einen bemerkenswert hohen Bildungsstand auf. Nach einer Schätzung kam 1640 auf je zweihundertfünfzig Kolonisten ein Absolvent der Universitäten Oxford oder Cambridge. Das mag auch der Grund dafür sein, daß Massachusetts das erste College (Harvard, 1636), die erste Druckerei (in Cambridge, 1639) und die erste Zeitung (Boston, 1704) der Kolonien aufzuweisen hatte.
Auch der erste in der Neuen Welt verfaßte und veröffentlichte medizinische Fachartikel erschien in Massachusetts: *»A Brief Rule to Guide the Common People of New England how to order themselves and theirs in the Small-Pocks, or Measles.«* – »Eine kurzgefaßte Anleitung für das gemeine Volk Neuenglands, wie sie und die Ihren sich bei Blattern oder Masern zu verhalten haben.« Der Verfasser war Thomas Thatcher, der erste Pfarrer der Old South Church. (Allerdings verwandten die Kolonisten nicht all ihre Engerien auf geistige Dinge: Massachusetts schenkte 1646 in Boston der Neuen Welt auch die erste Syphilisepidemie).
Boston besaß nach der Landung der Pilgerväter zweihundert Jahre lang kein allgemeines Krankenhaus. In diesem Zeitraum war die Stadt rasch gewachsen: Sie hatte 1680 nur 4 500 Einwohner, 1720 waren es 11 000, 1810 bereits 32 896. Inzwischen war klargeworden, daß für diese Bevölkerungszahl ein Armenspital nicht mehr ausreichte. Zu diesem Schluß waren die Städte Philadelphia und New York bereits einige Jahre zuvor gelangt.
So schrieb Reverend John Bartlett, der Kaplan des überfüllten Armenspitals, im Jahre 1811 einen Brief an »fünfzehn oder fünfundzwanzig der

wohlhabendsten und angesehensten Bürger Bostons« und forderte sie zur Unterstützung eines allgemeinen Krankenhauses auf. Kurz zuvor hatten zwei Professoren der neugegründeten Harvard Medical School einen ähnlichen Brief verfaßt. Ihr Interesse war ein wenig anders gelagert: Die Medizinische Fakultät brauchte nämlich ein Krankenhaus für den klinischen Unterricht, und jeder Versuch, das bestehende Armenspital dafür zu verwenden oder ein neues Krankenhaus zu bauen, war von der örtlichen Ärzteschaft vereitelt worden. Die Herren Doktoren befürchteten, daß die Universität die Ausübung ihres praktischen Berufs beeinträchtigen könnte.

Einige Argumente wiederholten sich in diesen Briefen immer wieder: Ein Krankenhaus sei für die Ausbildung junger Ärzte unentbehrlich, die vorhandene Krankenversorgung sei unzulänglich, christliche Nächstenliebe verpflichte zur Förderung eines Krankenhauses, Boston sei gegenüber Philadelphia und New York ins Hintertreffen geraten.

Diese Appelle auf den verschiedensten Ebenen waren schließlich erfolgreich. Als 1816 die Spendensammlung begann (sie wurde durch den Krieg von 1812 verzögert), kamen bereits innerhalb der ersten drei Tage 78 802 Dollar zusammen. Die Gesamtsumme der Spenden belief sich schließlich auf über 140 000 Dollar.

Auch der Staat beteiligte sich an der Aktion: Er genehmigte die Errichtung des Massachusetts General Hospital, er stellte ein Grundstück am Ufer des Charles-Flusses zur Verfügung, er stiftete den Granit zur Errichtung der Gebäude, schließlich stellte er Strafgefangene als Bauarbeiter ab.

Das ursprüngliche Gebäude war von Thomas Bulfinch jr. entworfen worden, einem führenden Architekten der Stadt und Sohn eines bekannten Arztes. Das Gebäude mit seiner Kuppel wurde als ein architektonisches Wunderwerk seiner Zeit betrachtet und galt viele Jahre lang als das schönste Bauwerk von ganz Boston. Auch in organisatorischer Hinsicht war das Krankenhaus fortschrittlich, ganz nach dem Muster des städtischen englischen Universitätskrankenhauses angelegt, dessen Vorbild das Guy's Hospital in London war.

Doch die neue Institution war bei den Bostoner Bürgern nicht von Anfang an beliebt. Der erste Patient erschien am 3. September 1821, doch der nächste meldete sich erst am 20. September. Erst als sich die Bevölkerungszahl der Stadt durch die massive Einwanderung aus Irland nach 1850 vervierfachte, war das Krankenhaus voll belegt.

Die anfängliche Zurückhaltung gegenüber der neuen Einrichtung wird vielfach den Erfahrungen mit früheren Hospitälern zugeschrieben, beispielsweise den Militärlazaretten der Revolution (von denen Benjamin Rush sagt, sie hätten »den Vereinigten Staaten mehr Bürger geraubt als das Schwert«), den Pesthäusern und den Armenspitälern. Aber dieses Zögern wird durchaus verständlich, wenn man einen Blick auf den Stand der Medizin zur Zeit der Eröffnung dieses Krankenhauses wirft.

1821 wußte niemand, daß man durch Sauberkeit Infektionen verhindern kann. Es gab kaum einen systematischen Versuch zur Hygiene im Krankenhaus. Die Ärzte gingen von der Autopsie unmittelbar an die Krankenbetten, ohne sich die Hände zu waschen, und die Chirurgen operierten in alten Straßenanzügen, die für andere Zwecke zu schäbig waren.

1821 war das Stethoskop ein neumodisches französisches Spielzeug, das Laënnec vier Jahre zuvor erfunden hatte. Es bestand aus einem Rohr, das sich in zwei Teile zerlegen ließ, damit der Arzt es in seinem Zylinderhut unterbringen konnte. Die Injektionsspritze war eine Neuheit, das Fieberthermometer sollte noch vierzig Jahre auf sich warten lassen, die Röntgendiagnostik lag noch fast ein Jahrhundert in der Zukunft.

1821 umfaßte die Liste der gängigen Arzneien für den Durchschnittsarzt noch viele Substanzen von zweifelhaftem Wert, darunter auch lebende Würmer, Ameisenöl, Schlangenhaut, Strychnin, Gallensaft und menschlichen Schweiß. Noch wenige Jahre zuvor hatte Gouverneur John Winthrop gemahlenes Einhornpulver als wertvolle Ergänzung in sein Arzneibuch aufgenommen. Wem das alles wie eine Übertreibung vorkommt, der sollte bedenken, daß noch 1910 einige Klinikärzte Strychnin als ein brauchbares Mittel gegen Lungenentzündung betrachteten.

1821 gab es noch keine Anästhesie und daher nur wenige Operationen. Die postoperative Infektionsrate betrug nahezu 100 Prozent. Die Sterblichkeit bei chirurgischen Eingriffen lag bei 80 Prozent. Im ersten vollen Betriebsjahr behandelte das Krankenhaus 115 Patienten. Die Aufzeichnungen aus dieser Zeit sind zwar verlorengegangen, aber in der ersten Zeit lag die Sterblichkeitsrate des Krankenhauses als Ganzes ziemlich konstant bei 10 Prozent.

Seit jenen Tagen hat das Krankenhaus ganz offensichtlich einen gewaltigen Wachstumsprozeß durchgemacht, sowohl hinsichtlich des Umfangs als auch in bezug auf die Vielfalt. Dieses Wachstum wird im allgemeinen nicht in Frage gestellt. Es ist eine Besonderheit der amerikanischen Mentalität, Wachstum in fast jeder Form zu begrüßen. Man erinnere sich nur an die widersinnige Begeisterung über das Anwachsen der amerikanischen Bevölkerung auf zweihundert Millionen. Man könnte nun die Frage stellen, ob in der gegenwärtigen Größe des Massachusetts General Hospital und in der Tatsache, daß die akute, heilende Medizin so in den Vordergrund gerückt wird, nicht Nachteile liegen. Diese Frage ist aber schwer zu beantworten.

Zunächst ist da einmal das Problem der Größenordnung. Allein schon aus dem Umfang des Krankenhauses können sich sowohl für die Patienten als auch für die Ärzte Probleme ergeben. Der Patient mag es als kalt, gigantisch, unpersönlich empfinden. Der Arzt, dessen Patienten weit verstreut liegen, muß unter Umständen von einem Krankenbett zum nächsten bis zu einem halben Kilometer zurücklegen. Die vertraute Atmosphäre, die in einem kleinen Krankenhaus den Heilungsprozeß mit fördert, kann hier nicht in gleichem Maße geschaffen werden.
Andererseits gestattet eine hohe Krankenfrequenz umfangreiche Forschungen bei weniger häufigen Krankheiten. Bei der Behandlung solcher Leiden erfüllt das Krankenhaus eine echte Pionieraufgabe. Außerdem kann sich ein großes Krankenhaus eine hochtechnisierte Einrichtung leisten, die qualifiziertes Personal und kostspielige Geräte voraussetzt. Diese Technik kann äußerst fachmännisch angewandt werden. Patienten, die einer Herzoperation oder modernster Radiotherapie bedürfen, finden hier für solche Behandlungen nicht nur die kostspieligen Geräte, sondern – was ebenso wichtig ist – auch eingespielte Fachleute, die täglich damit umgehen.
Im Hinblick auf die Heilbehandlung erkannter organischer Erkrankungen sind zwei Punkte anzuführen. Zunächst lassen die Möglichkeiten des Krankenhauses zur Nachbehandlung des Patienten nach seiner Entlassung aus der stationären Behandlung sehr zu wünschen übrig. Das MGH gründete 1905 den ersten Sozialdienst der Vereinigten Staaten zur Nachbehandlung auf einem nicht streng medizinischen Sektor. Solche Einrichtungen sind heute den meisten großen Krankenhäusern angegliedert. Außerdem gibt es Spezialkliniken zur kontinuierlichen Versorgung ambulanter Patienten. Aber viele Patienten »gehen der Nachbehandlung verloren«, wie es im Fachjargon heißt. Sie kümmern sich nicht um die Besuche der Sozialfürsorger, sie halten die vereinbarten Termine nicht ein. Man kann es ihnen nicht einmal verübeln, da die Einrichtungen der Krankenhäuser für ambulante Patienten einen hohen Zeitaufwand erfordern. Der Patient verbringt nicht nur Stunden in der Klinik selbst, sondern muß auch beträchtliche Fahrzeiten in Kauf nehmen.
Zweitens hat das Krankenhaus durch seine Bestimmung wenig für die vorbeugende Medizin übrig. Das gilt seit jeher für alle Krankenhäuser. Seit der Zeit der *aesculapia* hat sich das Krankenhaus als passive Institution verstanden: Es nahm jeden auf, der von selbst kam, aber es lief keinem hinterher. Hierzu einige bezeichnende Schlaglichter. Zum Beispiel gibt ein hoher Prozentsatz der Patienten bei der Einlieferung in die Akute Psychiatrie an, daß bei Familienangehörigen ernste psychische Störungen vorliegen. Nehmen wir den Fall der jungen Frau, die ihr Kind töten wollte: Der Vater war Alkoholiker, ihre Mutter und ihr jüngerer

Bruder hatten Selbstmord begangen, und ihr zwanzigjähriger Ehemann, ein Schuhverkäufer, war erst kurz zuvor mit einem akuten Nervenzusammenbruch in ein staatliches Krankenhaus eingeliefert worden. Da sich psychische Erkrankungen häufig fortpflanzen, kann man sie fast als ansteckend betrachten. Man ist versucht zu sagen, daß sich echte Infektionskrankheiten am besten innerhalb der Gemeinschaft heilen lassen, indem man vorbeugend und therapeutisch unmittelbar dagegen angeht. Den Sieg über die Infektionskrankheiten – einer der Triumphe der Medizin in diesem Jahrhundert – verdanken wir auf keinen Fall dem Krankenhaus als Institution.

Die Grenzen, die dem Krankenhaus als Heilanstalt für bereits erkannte Krankheiten gesteckt sind, treten heute besonders deutlich im Zusammenhang mit den Geisteskrankheiten zutage. Größere Fortschritte sind vom Krankenhaussystem in seiner jetzigen Form nicht zu erwarten, ebensowenig wie die alten Spezialkliniken für Tuberkulose, Lepra und Pocken einen wirklich entscheidenden Beitrag zum Rückgang dieser Krankheiten geleistet haben.

Das Krankenhaus unternimmt große Anstengungen, diesen Mängeln entgegenzuwirken. Einige dieser Entwicklungen sollen später noch besprochen werden.

Aber das Krankenhaus ist auch im Begriff, seine innere Funktionsweise zu reformieren. Damit befaßt sich das nächste Kapitel.

John O'Connor

Was die Heilung kostet

Bis zu seiner Einlieferung war John O'Connor, ein fünfzig Jahre alter Fahrdienstleiter aus Charlestown, in seinem ganzen Leben noch nicht einen Tag krank gewesen. Am Morgen des Einweisungstages wachte er schon früh auf und klagte über ein unbestimmtes Schmerzgefühl im Unterbauch. Er übergab sich einmal, erbrach dabei klare Flüssigkeit und hatte leichten Durchfall. Er suchte seinen Hausarzt auf, der konstatierte, daß O'Connor kein Fieber hatte und auch der Anteil der weißen Blutkörperchen bei ihm normal war. Er erklärte Mr. O'Connor, es sei vermutlich eine Lebensmittelvergiftung, und verschrieb ihm Bettruhe sowie ein Beruhigungsmittel für den Magen.

Am Nachmittag überkamen Mr. O'Connor eine Hitzewallung und danach zwei Anfälle von Schüttelfrost. Seine Frau riet ihm, noch einmal den Arzt anzurufen, aber als Mr. O'Connor zum Telefon ging, brach er zusammen. Um 17 Uhr brachte ihn seine Frau in die Notaufnahme des MGH, wo bei der Untersuchung eine Temperatur von einundvierzig Grad und im weißen Blutbild 37 000 Leukozyten festgestellt wurden (normal fünf- bis zehntausend).

Der Patient lag im Delirium. Er schlug so heftig um sich, daß zehn Personen ihn festhalten mußten. Er gab nur noch zusammenhanglose Laute und Worte von sich und reagierte nicht, wenn er mit seinem Namen angesprochen wurde. Noch in der Notaufnahme stellte sich ein massiver Durchfall ein, bei dem mehrere Liter wäßriger Flüssigkeit abgingen.

Der Patient wurde von dem Internisten John Minna untersucht. Dr. Minna ordnete eine sofortige Behandlung mit Aspirin, Alkoholabreibungen, Frischluftzufuhr und einer gekühlten Decke an, um das Fieber zu bekämpfen. Die Temperatur sank rasch bis auf 38,2 Grad ab. Der Patient befand sich im Schockzustand mit einem Blutdruck 70/30 und einem zentralen Venendruck von null. Im Verlauf der nächsten drei Stunden erhielt er drei Liter Blutplasma und zwei Liter Kochsalzlösung intravenös, um die Flüssigkeitsverluste durch Schwitzen und Diarrhöe wieder wettzumachen. Er war außerdem schwer azidotisch und mußte intravenös zwölf Ampullen Natriumkarbonat und Kaliumchlorid erhalten, damit das elektrolytische Gleichgewicht wiederhergestellt wurde.

Der Patient war außerstande, Angabe über bisherige Krankheiten zu machen. Seine Frau verneinte alle Fragen nach Malaria, Auslandsreisen,

Ernährungswechsel, ansteckenden Krankheiten, Kopfschmerzen, Nakkensteife, Husten, Schleimauswurf, Halsschmerzen, Drüsenschwellungen, Arthritis, Muskelschmerzen, Krampfanfällen, Hautinfektionen, Medikamentengebrauch oder Selbstmordversuchen.

Die Angaben seiner Ehefrau waren nicht sehr aufschlußreich. Mr. O'Connor war niemals ernsthaft krank gewesen oder in einem Krankenhaus behandelt worden. Seine Mutter war im Alter von fünfzig Jahren an Leukämie gestorben, sein Vater mit neunundfünfzig an Lungenentzündung. Der Patient war sich keiner Allergie bewußt, er rauchte und trank nicht.

Die Untersuchung erbrachte ein normales Resultat, abgesehen von einem leicht geblähten Bauch und einer etwas vergrößerten Leber, die sich unterhalb des Brustkorbs tasten ließ. Auch das Ergebnis der neurologischen Untersuchung war normal, wenn man davon absah, daß der Patient nicht ansprechbar und im Zustand körperlich-geistiger Erstarrung war.

Es wurde eine gründliche Analyse angeordnet: Proben von Blut, Urin, Stuhl, Auswurf und Rückenmarksflüssigkeit wurden bakteriologisch untersucht. Er bekam schwere Dosen von Antibiotika, darunter ein Gramm Chloramphenicol, ein Gramm Oxacillin, zwei Millionen Einheiten Penicillin und später am Abend auch noch Kanamycin und Colistin. Die Röntgenaufnahmen von Brustkorb und Bauchraum waren normal. Das Elektrokardiogramm war normal. Der Hämatokrit-Wert war normal. Der Anteil an weißen Blutkörperchen war mit 37 000 stark erhöht, wobei polymorphkernige Leukozyten vorherrschten, jene Zellen, die sich bei bakteriellen Infektionen vermehren. Die Urinprobe enthielt einige weiße Zellen. Der Anteil an Blutplättchen und die Gerinnungszeit waren normal. Blutzucker, Serum, Amylase, Serum-Aceton, Bilirubin und Blutstickstoff waren normal. Auch das Ergebnis der Rückenmarkspunktion zeigte keine Abweichung.

Ein intravenöses Pyelogramm (Durchleuchtung der Nieren während der Ausscheidung einer Kontrastflüssigkeit) zeigte, daß die linke Niere normal, die rechte jedoch träge funktionierte. Der rechte Harnleiter schien erweitert zu sein.

Die vorläufige Diagnose lautete: Teilweise Obstruktion der Nierenfunktion auf der rechten Seite.

Wegen der Blähung des Bauches nahmen die Chirurgen Dr. Corry und Dr. Kaufmann sechs Punktionen vor, aber es gelang ihnen nicht, dabei Flüssigkeit aus der Bauchhöhle zu gewinnen.

Dr. Minna diagnostizierte eine allgemeine Blutvergiftung aus unbekannter Ursache. Als Ausgangspunkte kamen für ihn die harnausscheidenden Organe, der Magen-Darm-Kanal, die Gallenblase oder die Herzwände in Betracht. Das Fieber konnte nach seiner Meinung weder vom zentralen

Nervensystem oder von Medikamenten noch von der Schilddrüse verursacht worden sein.
Das war im wesentlichen auch die Auffassung der Neurologen, die den Patienten später am Abend untersuchten. Sie vertraten die Auffassung, Mr. O'Connor habe eine Primärinfektion mit einer plötzlichen Bakterienausschüttung ins Blut, verbunden mit Fieber und Kollaps, erlitten. Sie vermuteten den Infektionsherd irgendwo im Bereich der harnausscheidenden Organe oder des Magen-Darm-Kanals, vielleicht sogar in kleinen Bereichen der Lunge. Eine Entzündung des Gehirns oder der Gehirnhaut, eine Blutung in diesem Bereich oder ähnliche Erkrankungen des Zentralnervensystems hielten sie für unwahrscheinlich.
Noch am selben Abend wurden die Chirurgen konsultiert. Das Fehlen von Muskelkrämpfen oder einer Bauchdeckenspannung sowie die sechs negativ verlaufenen Punktionen deuteten auf keine akute Erkrankung der Bauchorgane hin.
Auch Urologen untersuchten den Patienten und beschäftigten sich mit den Röntgenaufnahmen der Nieren. Sie hielten es für möglich, daß der rechte Nierenausgang teilweise verlegt war, konnten aber nicht feststellen, ob es sich dabei um eine erst kürzlich aufgetretene oder allmählich entwickelte Veränderung handelte. Sie fanden auch keine Infektion der Prostata, die das Fieber erklärt hätte. Mr. O'Connor kam auf die Liste der schweren Fälle und wurde in die Intensivpflege-Station des Bulfinch-Gebäudes verlegt. Zwölf Stunden nach seiner Einlieferung ins Krankenhaus war das Fieber zurückgegangen, aber über die Ursache selbst wußte man noch immer nichts.
Bevor wir uns weiter mit Mr. O'Connors Krankenhausaufenthalt beschäftigen, lohnt sich ein Blick auf die ursprünglichen Symptome des Patienten und die sofort eingeleitete Therapie.
Mr. O'Connor wies hohes Fieber und einen Schockzustand auf. Hohes Fieber mit unbekannter Ursache ist ein klassisches Problem der Kinderheilkunde, und aus genau demselben Grund stellte es auch bei Mr. O'Connor ein Problem dar: Der Patient kann nicht erklären, wie er sich fühlt oder wo er Schmerzen hat. Trotzdem ist hohes Fieber bei einem Kind weniger besorgniserregend als bei einem Erwachsenen, da Kinder bei Fieber eine wesentlich höhere Toleranz aufweisen. Bei Erwachsenen kann fortgesetztes hohes Fieber leichter zu einer Dauerschädigung des Gehirns und zum Tod führen.
Die häufigste Fieberursache beim Kind wie beim Erwachsenen ist eine Infektion. Sie ist auch die häufigste Ursache bei Fieber mit ungeklärtem Ursprung. Gelegentlich begegnet man außergewöhnlichen Fällen wie bösartigen Tumors, Hirnblutungen, Unverträglichkeit von Medikamenten und Ausschüttung von Schilddrüsenhormon, aber meistens wird

ungeklärtes Fieber durch nicht identifizierte Infektionsherde hervorgerufen.

Es ist bekannt, daß man in einem engumschriebenen Teil des Körpers eine Infektion haben kann, ohne daß der Körper darauf besonders reagiert. Breitet sich die Infektion jedoch auf den Blutkreislauf aus, kann es zu einer Ausschüttung von Bakterien und einem nachfolgenden Anstieg der Temperatur kommen. Diese Ausschüttung ist normalerweise nur kurz – sie dauert Minuten oder Stunden – und endet oft vor dem Ansteigen der Temperatur. Das macht die Diagnose schwierig: Wenn man die Bakterien im Blut erwischen will, muß man Blutproben vor dem Fieberanfall entnehmen und nicht während des Anfalls oder danach.

Genau diesen Zustand vermutete man auch bei Mr. O'Connor: eine abgeschlossene Infektion mit stoßweisen Ausschüttungen von Bakterien in den Blutkreislauf und ebenso stoßweisem Fieberanstieg. Bei ihm war das Fieber jedoch bedrohlich hoch. Hieraus ergab sich ein klassischer Konflikt in der Therapie, der schon auf Hippokrates zurückgeht.

»In extremen Fällen extreme Mittel«, schrieb Hippokrates. Aber er sagte auch: »Bei schweren Erkrankungen ist die exakteste Behandlung die beste.« Aber eine exakte Behandlung setzt eben eine exakte Diagnose voraus, und genau hierin liegt der Konflikt.

Was ist eine Diagnose? Diese Frage ist nicht so einfältig, wie sie zunächst klingt, denn die Auffassung davon, was eine vertretbare Diagnose sei, hat sich im Laufe der Jahre radikal geändert.

Eine Diagnose gründet sich auf zweierlei Wissen: die Vorstellung des Arztes vom Ablauf der Krankheit und die Behandlungsmethoden, die ihm zur Verfügung stehen. Im Idealfall berücksichtigt die Diagnose in gewisser Weise die Ätiologie – die Krankheitsursache –, aber während langer Strecken der medizinischen Geschichte wurde die Ätiologie entweder ignoriert oder falsch aufgefaßt. (Zum Beispiel beim »Fieber wegen zuviel schwarzer Galle.«) Für die moderne Medizin ist eine präzise Diagnose erforderlich, da präzise Therapien zur Verfügung stehen. Doch das Bedürfnis nach einer genauen Diagnose ist viel älter. Zu Zeiten des Hippokrates begründete sich dieses Bedürfnis auf prognostische und nicht therapeutische Überlegungen.

Die Ärzte wußten wenig über die Behandlung einer Krankheit und waren hauptsächlich dazu da, den Verlauf einer Krankheit vorauszusagen, die sie nicht zu beeinflussen vermochten. Robert Platt bemerkt: »Bis in die jüngste Zeit . . . spielt es keine Rolle, ob eine Diagnose richtig oder falsch war . . . Viel bedeutsamer war die Prognose, vor allem für den Ruf des Arztes.«

Hippokrates ging es hauptsächlich um das Prestige des Arztes, begründet auf dessen prognostisches Können. Wie wichtig ihm die Prognose war, zeigt sich in vielen seiner Schriften: »Schlaf nach Delirium ist ein gutes Zeichen«; »Wem häufig ohne offenkundige Ursache schwindlig wird, der muß mit einem plötzlichen Tod rechnen«; »Unruhiger Schlaf ist bei jeder Krankheit ein schlechtes Zeichen«; »Krämpfe nach einer Verwundung sind gefährlich«; »Eine Verhärtung der Leber bei Gelbsucht ist schlecht«; »Wenn ein Genesender herzhaft ißt, ohne jedoch zuzunehmen, ist das ein schlechtes Zeichen.«

Diese Bemerkungen haben auch heute noch ihre Gültigkeit. Aber man benötigt doch noch einiges mehr für eine Diagnose, da auch die Behandlungsmethoden vielfältiger geworden sind. Zum Beispiel: Wenn ein Patient in Ohnmacht fällt, so ist es wichtig zu wissen, ob er eine Verengung der Aorta hat – und man mit plötzlichem Tod rechnen muß – oder ob er hysterisch ist oder zuckerkrank oder ob andere Gründe für eine Ohnmacht vorliegen. Kurz gesagt, man braucht präzisere Diagnosen, um präzisere Therapien anwenden zu können.

In der Geschichte der Medizin hat es schon immer Ärzte jeden Alters gegeben, die glaubten, ganz besondere Heilmittel gefunden zu haben, aber nur wenige davon sind heute noch in Gebrauch. Wie Berton Roueché schreibt, sind nur drei Drogen auch heute noch akzeptabel: Chinin gegen Malaria, Colchicin gegen Gicht und Fingerhut (Digitalis) gegen Herzversagen. Alle anderen »Spezialitäten« oder, wie Holmes sie genannt hat, »drastischen Wundermittel« sind verschwunden.

Noch im Jahre 1910 bemerkte L. J. Henderson: »Wenn ein durchschnittlicher Patient einen durchschnittlichen Arzt aufsucht, hat er eine fünfzigprozentige Chance, von dieser Begegnung zu profitieren.« Seitdem ist viel geschehen. So gut wie jede diagnostische und therapeutische Methode, die in jenen ersten zwölf Stunden bei Mr. O'Connor angewandt wurde, ist nach 1910 entwickelt worden. Klinisch gesehen gehen Diagnose und Therapie nämlich Hand in Hand und fördern sich gegenseitig in zunehmendem Maße.

Untersuchungsmethoden und -techniken haben sich in diesem Jahrhundert in einem atemberaubenden Tempo entwickelt. Betrachten wir nur einmal die Liste der an Mr. O'Connor vorgenommenen Untersuchungen und die Jahre, in denen diese Methoden erstmals in brauchbarer Form beschrieben wurden:

Röntgenaufnahmen von Brustkasten und Unterleib (1905–1915)
Auszählung der weißen Blutkörperchen (um 1895)
Serum-Aceton (1928)
Amylase (1948)
Calcium (1931)
SGOT = Serum Glutamat-Oxalat-Transaminase (1955)

LDH = Laktat (Milchsäure)-Dehydrogenase (1956)
CPK = Creatin-Phosphokinase (1961)
Aldolase (1949)
Lipase (1934)
CSF-Protein = Gehirn-Rückenmarksflüssigkeit (1931)
CSF-Zucker (1932)
Blutzucker (1932)
Bilirubin (1937)
Serum Albumin/Globulin (1923–1938)
Elektrolyse (1941–1946)
Elektrokardiogramm (um 1915)
Prothrombinzeit (1940)
Blut-pH (1924–1957)
Blutgase (1957)
Proteingebundenes Jod (1948)
Alkalische Phosphatase (1933)
Watson-Schwartz (1941)
Creatinin (1933)
Harnsäure (1933)

Würde man diese und andere gebräuchliche Untersuchungsmethoden als Linie auf der Zeitachse der gesamten Medizingeschichte auftragen, so ergäbe sich für die ersten mehr als zweitausend Jahre eine ganz flache Linie, gefolgt von einem leichten Anstieg etwa ab 1850 und einer dann immer steiler werdenden Kurve bis zur Gegenwart.
Hierin sieht man die Bedeutung der technologischen Neuerungen. Sie haben die Medizin wie ein Blitzschlag getroffen. In den letzten hundert Jahren hat die Medizin weitaus größere Fortschritte gemacht als in den vorangegangenen zweitausend Jahren. Diese Tatsache hat nichts Geheimnisvolles an sich. Da die meisten Forscher der medizinischen Geschichte in der Gegenwart leben, werden auch die meisten Entdeckungen in jüngster Zeit gemacht. Doch die Konsequenzen dieses gewaltigen Stroms von Wissen und Technologie werden noch nicht begriffen. Auf so unterschiedlichen Gebieten wie der Ausbildung medizinischen Nachwuchses und der Euthanasie bleiben noch wichtige Fragen ungelöst.
Der Fall O'Connor ist aus einem ganz bestimmten Grund so interessant: Er illustriert das weitgespannte Netz technischer Fortschritte, die bewirkt haben, daß sich die heutige Diagnosetechnik und Behandlung so radikal von dem unterscheiden, was sie noch vor dreißig Jahren darstellten.

Bei Mr. O'Connor mußte man wohl eine Infektion annehmen. Die Behandlung von Infektionskrankheiten wird als einer der Triumphe der modernen Medizin betrachtet, gekrönt von der Einführung der Antibiotika. Andererseits erklärt der Bakteriologe René Dubos: »Der Rückgang der Sterblichkeit bei Infektionen setzte schon vor fast hundert Jahren ein und ist seitdem unabhängig von der Anwendung einer spezifischen Therapie ziemlich konstant geblieben.« Er stellt ferner fest: »Diese Triumphe der Chemotherapie haben die medizinische Praxis verwandelt und sind im Begriffe, das gesamte Krankheitsspektrum der westlichen Welt zu verändern; es gibt jedoch keinen Grund zu der Annahme, daß sie die Ausrottung mikrobischer Erkrankungen bedeuten.«

Betrachten wir in diesem Sinne den »antibiotischen Cocktail«, den Mr. O'Connor kurz nach seiner Einlieferung erhielt. Er sollte später, als sich nach zwei bis drei Tagen noch keine Besserung seines Zustandes einstellte, Gegenstand heftiger Diskussionen werden.

Da man heute die Vorzüge und Grenzen der Medikamente genauer kennt, werden Antibiotika wesentlich differenzierter angewandt als noch vor zwanzig Jahren. Im allgemeinen hält man nicht viel von dem antibiotischen Cocktail, einer Mischung von Medikamenten, die verabreicht wird, bevor die Art der Infektion diagnostiziert wurde.

Die Gegenargumente sind durchaus verständlich: Bei Mr. O'Connor konnte es geschehen, daß die Mischung von Antibiotika zwar nicht die primäre Infektion beseitigte, dafür aber ganz bestimmt alle freien Bakterien im Blut tötete und so die Identifizierung der Organismen unmöglich machte. Ohne eine Identifizierung aber ist keine spezifische Behandlung möglich; man kann den Organismen nicht das jeweils wirkungsvollste Antibiotikum anbieten. Darüber hinaus wird den Ärzten durch das Fehlen einer eindeutigen Identifizierung ein wichtiger Hinweis auf die Lage der Infektion genommen; bestimmte Organismen ziehen nämlich bestimmte Körperteile vor.

Auch die Argumente zugunsten des Cocktails sind einleuchtend: Bei Mr. O'Connor war das Fieber an sich schon lebensbedrohend und erforderte medizinische Sofortmaßnahmen. Die Ärzte der Notaufnahme betrachteten es als ihre vordringliche Pflicht, zunächst das Fieber mit allen verfügbaren Mitteln zu senken, selbst auf die Gefahr hin, daß dadurch die weiteren diagnostischen Bemühungen erschwert wurden. Ein Arzt drückte es so aus: »Er hätte uns sterben können, während wir darauf warteten, daß die Bakterienkulturen wachsen.«

Damit wären wir wieder bei Hippokrates: Behandelt man mit einem schweren Mittel oder besser mit einem spezifischen? Das MGH entschied sich für schweres Geschütz, einen starken antibiotischen Cocktail, und zwar in voller Kenntnis der Möglichkeit, daß sich daraus eine Behinderung der weiteren Arbeit ergeben könnte.

Sehen wir nun, was aus Mr. O'Connor wurde.

1. Tag

Mr. O'Connor überlebte die Nacht. Am nächsten Morgen war sein Blutdruck normal, die Körpertemperatur betrug 37,4 Grad – aber er blieb höchst erregt und unansprechbar. Er bekam zur Beruhigung Morphium und auch weiterhin Infusionen und elektrolytische Behandlung. Der Sauerstoffgehalt seines Blutes war von Anfang an schlecht gewesen. So wurde ihm über eine Gesichtsmaske reiner Sauerstoff zugeführt.

Um 8 Uhr morgens untersuchte ihn der Urologe und stellte eine rechtsseitige Peritonitis fest, eine Entzündung des Bauchfells, die die Bauchorgane wie ein Sack einhüllt. Auf der rechten Seite ließen sich Druckempfindlichkeit und Muskelkrämpfe feststellen, außerdem eine Druckempfindlichkeit der Leber. Die Verminderung der Verdauungsgeräusche deutete auf eine Infektion im Bauchraum hin. Auch die Empfindlichkeit, die sich bei der rektalen Untersuchung zeigte, war typisch für eine derartige Infektion.

Um 9 Uhr untersuchte Dr. Minna den Patienten noch einmal und vertrat ebenfalls die Ansicht, daß die Schmerzempfindlichkeit trotz der starken Dosis Morphium sehr groß sei. Eine Röntgenuntersuchung der Gallenblase wurde angesetzt. Um 11 Uhr untersuchten die Chirurgen den Patienten und gelangten zu der Überzeugung, daß eine Gallenblasenentzündung vorliegen könne, obgleich die Bilirubin- und Amylase-Tests normale Werte erbracht hatten, rieten jedoch, die Operation noch aufzuschieben. Um 12 Uhr sah sich der Magen-Darm-Spezialist den Barium-Einlauf an, der ein normales Ergebnis zeigte. Übereinstimmende Auffassung: »Mit der Diagnose tappen wir nach wie vor im dunkeln, aber am wahrscheinlichsten ist eine sekundäre bakterielle Sepsis als Folge einer Verletzung im rechten Unterbauch.«

Es blieben jedoch auch andere Möglichkeiten bestehen: Perforation des Dünndarms, Durchbruch des Zwölffingerdarms, Entzündung der Bauchspeicheldrüse und einiges andere. Kontrastaufnahmen des Bauchraumes wurden empfohlen.

Etwa um dieselbe Zeit stellte Oberarzt Dr. Kurt Block fest, Mr. O'Connor sei ein »sehr rätselhafter Fall«; gewisse Untersuchungsergebnisse deuteten auf eine Erkrankung im rechten oberen Teil der Bauchhöhle hin, über deren Art sich jedoch kein genaues Bild gewinnen ließe.

Am Nachmittag befaßten sich die Chirurgen erneut mit dem Patienten und verwarfen dabei frühere Feststellungen. Nach ihrer Meinung lagen keine Anzeichen für eine Peritonitis vor, und nichts deutete auf einen lokalisierten Vorgang hin.

Um 20 Uhr stellten die Neurologen bei einer erneuten Untersuchung Mr. O'Connors fest, daß sein Zustand immer noch nicht auf eine Schädigung des Zentralnervensystems hinwiese. Ihrer Ansicht nach war anhand der

bisherigen Untersuchungsergebnisse eher eine Erkankung im Bereich der Bauchhöhle anzunehmen.
Noch am selben Abend lieferten die Labors weitere abnorme Testwerte. Die Proben waren am Tag der Einlieferung entnommen worden. Sie wiesen einen erhöhten Harnsäurespiegel von 17,1 und einen ebenfalls erhöhten Alkali-Phosphatase-Wert von 37,6 auf. Der Alkali-Phosphatase-Test wurde wiederholt und erbrachte mit 61,0 einen noch höheren Wert. Auch zwei weitere Enzyme lagen zu hoch: Das Serum Glutamat-Oxalat-Transaminase (SGOT) stand auf 123 und die Laktat-Dehydrogenase (LDH) auf 540. Zur erneuten Messung wurden sofort weitere Blutproben genommen.
Diese beiden Enzyme geben Auskunft über die Zerstörung der Zellen. Normalerweise sind sie in den Zellen enthalten. Sterben die Zellen ab, dann zerreißen die Wände und entlassen ihre Enzyme in den Blutkreislauf. Ein Ansteigen des Enzymspiegels weist ziemlich zuverlässig auf den Umfang von Zellschädigungen hin, insbesondere dann, wenn er über mehrere Tage hinweg bestehenbleibt. Leider findet man diese Enzyme in vielen Arten von Körperzellen, so daß ein Ansteigen des Enzymspiegels im Blut keinen Aufschluß darüber gibt, an welcher Stelle Zellen zerstört wurden. So enthalten beispielsweise die Zellen von Herz, Skelettmuskulatur, Gehirn, Leber und Nieren das Enzym SGOT; Schädigungen an jeder dieser Stellen lassen den SGOT-Spiegel ansteigen. In den letzten Jahren hat man nach Enzymen gesucht, die für bestimmte Gewebe typisch sind. So nimmt man an, daß die Creatin-Phosphokinase (CPK) ein typisches Zeichen für einen Herzschaden ist.

2. Tag

Um 3 Uhr 30 morgens erhielt Dr. Michael Soper die neuen Werte der Enzymtests. Sie wiesen durchweg eine weitere Steigerung auf: SGOT stand jetzt auf 640, LDH auf 1250, und CPK lag mit 320 sehr hoch. Er notierte: »Noch nie einen so hohen CPK-Wert gesehen. Keine Ahnung, woher er kommt. Bezweifle ausschließliche cardiale Ursache. EKG heute abend unverändert.«
Bei der Morgenvisite um 7 Uhr ließen sich wiederum keinerlei Hinweise auf eine lokalisierbare Erkrankung der rechten Bauchseite erkennen. Sämtliche Kulturen waren aus den Labors eingetroffen. Alle waren negativ. Es wurde beschlossen, bis auf Penicillin und Chlorampheniscol alle Antibiotika abzusetzen.
Im Laufe des Vormittags wurde Mr. O'Connor von den Spezialisten für Infektionskrankheiten untersucht. Sie gelangten zu dem Schluß, daß die Erregung und Unansprechbarkeit mit an Sicherheit grenzender Wahrscheinlichkeit die Folge von Magen- und Darmstörungen und kreislauf-

bedingt seien. Die erhöhten Enzymwerte mochten die Folge ungenügender Sauerstoffzufuhr und des bei der Einlieferung vorliegenden Schocks sein. Man mußte jedoch zugeben, daß die erhöhte alkaline Phosphatase und der Überschuß an Harnsäure unerklärt blieben. Sie deuteten die bisher nicht in Erwägung gezogene Möglichkeit einer staphylokokkischen Nahrungsmittelvergiftung an.
Da von dem Patienten selbst keinerlei Auskünfte zu bekommen waren, wurde seine Frau noch einmal eingehend nach Symptomen von Schilddrüsenerkrankungen, länger anhaltenden Durchfällen oder anderen Störungen im Magen-Darm-Kanal befragt. Das schmerzstillende Mittel, das der Patient am Tag seiner Einlieferung ins Krankenhaus eingenommen hatte, wurde beigebracht – es handelte sich tatsächlich um ein ganz normales Schmerzmittel und nichts anderes.
In dieser Phase wurde der Patient von Dr. Alexander Leaf, dem Chefarzt des Krankenhauses, von seinem Stellvertreter Dr. Daniel Federman und einer ganzen Anzahl weiterer Ärzte untersucht. Bei der nachfolgenden formlosen Lagebesprechung zog man jede nur erdenkliche Diagnose bis hin zu Pilzvergiftung und Cholera mit in Betracht. Der Zustand des Patienten blieb unverändert.

3. Tag

Die fortgesetzten Schwierigkeiten mit der Sauerstoffversorgung des Blutes führten zu einer Konsultation der Lungenspezialisten. Sie rieten zu einer möglichst weitgehenden Trockenlegung der Lungen durch Luftröhren-Absaugung, der Erzeugung von Hustenreiz und einer genauen Kontrolle der arteriellen Blutgase. Im Laufe des Tages besserte sich der Zustand des Patienten ein wenig. Er beruhigte sich und reagierte am Abend erstmals auf seinen Namen.

4. Tag

Der Patient nahm regeren Anteil an seiner Umgebung. Wieder untersuchten ihn die Chirurgen und stellten fest, daß sein Leib immer noch weich war und kein Anlaß zu einer Operation bestand. Die Dosis Valium, die er zur Dämpfung seiner Erregungszustände erhielt, wurde verringert.

5. Tag

Am Morgen untersuchten ihn die Neurologen und stellten fest, er sei »immer noch ziemlich abgestumpft«, wirr und desorientiert. Dennoch war die Besserung gegenüber dem Zeitpunkt seiner Einlieferung augenfällig. Er konnte Fragen beantworten. Als man ihn fragte, wo er sich befinde, antwortete er: »Krankenhaus.« Er wußte jedoch nicht zu sagen, in welchem. Auf die Frage nach seinem Namen antwortete er: »John.« Er konnte sein Alter angeben. Das Valium wurde vollkommen abgesetzt. Seine Körpertemperatur bewegte sich auch weiterhin zwischen 37,4 und 37,5 Grad. Dr. Minna notierte: »Es geht ihm in jeder Hinsicht besser.«

6. Tag

Die Laborwerte der am Vortag entnommenen Proben stiegen immer noch an. Mit 2 900 wurde der höchste CPK-Wert gemessen, der im ganzen Krankenhaus jemals registriert worden war. Für die veränderten Enzymwerte gab es immer noch keine Erklärung. Der Patient wurde zunehmend wacher und ansprechbarer, obgleich seine geistigen Funktionen bei weitem noch nicht zufriedenstellend waren.
Auf Befragung antwortete er, eins und eins sei eins und zwei plus zwei sei fünf.

7. Tag

Mr. O'Connor war imstande, einfache Befehle wie »Drücken Sie meine Hand!« oder »Öffnen Sie die Augen!« auszuführen. Doch die meiste Zeit über lag er immer noch mit geschlossenen Augen im Bett. Er entwickelte kaum spontane Aktivität und sprach nur, wenn er gefragt wurde.

8. Tag

Sein Foley-Katheter wurde entfernt. Er konnte wieder normal urinieren. Er zeigte sich geistig reger und erinnerte sich erstmals auch wieder an seinen Familiennamen.

9. Tag

Die Blutkulturen waren jetzt mit einem gram-negativen Bazillus besetzt, der als *bacteroides* identifiziert wurde und vermutlich aus den Eingeweiden stammte. Der Zustand des Patienten hatte sich inzwischen so weit gebessert, daß er nach Giften, Drogen, Pilzen, Berufskrankheiten und der eventuellen Einnahme schwerer Metalle befragt werden konnte, allerdings ohne jedes Ergebnis. Wieder wurde er von den Chirurgen untersucht: Sein Leib war weich, die Verdauungsgeräusche hörten sich normal an.

10. Tag

Mr. O'Connor wurde von den Neurologen untersucht. Sie stellten eine leichte Schwäche der Rumpfmuskulatur fest und empfahlen eine Kontrolle der elektrischen Muskeltätigkeit mit Hilfe der Elektromyographie. Außerdem zeigten sich schwammige Schwellungen an den Extremitäten.

11. Tag
Der Geisteszustand des Patienten besserte sich weiter. Eine erneute Röntgenaufnahme der Niere zeigte nichts Abnormales.

12. Tag
Die Genesung machte weitere Fortschritte. Die Enzymwerte waren fast auf den Normalstand zurückgegangen. Er hatte kein Fieber.

13. Tag
Erneuter Barium-Einlauf. Die Suche nach Divertikulitis und anderen Infektionsherden verlief negativ.

14. Tag
Die Elektromyographie war normal. Man beschloß, das Chloramphenicol abzusetzen, um zu sehen, ob das Fieber ohne Antibiotika ausblieb.

15. Tag
Chloramphenicol wurde abgesetzt. Dem Patienten ging es gut. Er nahm flüssige Nahrung zu sich.

16. Tag
Am zweiten Tag ohne Antibiotika hielt sich die Temperatur zwischen 37,4 und 37,5 Grad.

17. Tag
Von dem Patienten wurden eine Reihe von Röntgenaufnahmen des oberen Bauchraums gemacht, die durchweg normal waren. Am dritten Tag ohne Antibiotika stieg die Temperatur wieder auf 37,6 Grad an. Die Druckempfindlichkeit und Spannung an der rechten oberen Bauchseite tauchten wieder auf.

18. Tag
Die Chirurgen schlossen auf eine Cholezystitis oder Entzündung der Gallenblase, die vermutlich als Cholangitis oder Infektion des Gallengangs begonnen hatte. Außerdem wurde die Frage aufgeworfen, ob der Patient nicht an einem Leberabszeß litt. Es wurden wieder Antibiotika verordnet.

19. Tag
Mr. O'Connor wurde aus der inneren in die chirurgische Abteilung verlegt, um auf eine explorative Bauchoperation vorbereitet zu werden. Sein Geisteszustand machte weiterhin langsame Fortschritte.

20. Tag

Auch die Neurologen vertraten nach einer Untersuchung die Ansicht, daß sein Geisteszustand sich bessere. Die Chirurgen mußten jedoch feststellen, daß die Druckempfindlichkeit des Leibes mit der erneuten Ansetzung von Antibiotika wieder verschwunden war. Röntgenaufnahmen der Gallenblase zeigten keinerlei Füllung des Blasenbeutels, aber die Aufnahmen waren von minderer Qualität. Radioaktive Tests von Leber und Milz verliefen negativ.

21. Tag

Die bereits angesetzte Operation wurde verschoben, um Zeit für weitere Untersuchungen zu gewinnen. Eine Wiederholung der Gallenblasenaufnahme zeigte eindeutig das Fehlen einer Füllung. Diesmal waren die Filme ausgezeichnet. Ein Bauch-Angiogramm, eine röntgenologische Darstellung der Bauchgefäße, wurde angeordnet.

22. und 23. Tag

Wochenende. Besondere Maßnahmen, wie zum Beispiel eine Angiographie, konnten nicht durchgeführt werden. Die weitere Behandlung des Patienten wurde daher auf Montag verschoben.

24. Tag

Die Bauch-Angiographie wurde durchgeführt. Unter örtlicher Betäubung schob man einen dünnen, biegsamen Katheter durch die Oberschenkelarterie bis zur Aorta und schließlich in das Netz von Arterien, die von der Aorta aus sämtliche Organe des oberen Bauchraums mit Blut versorgen. Dann wurde eine für Röntgenstrahlen undurchlässige Flüssigkeit injiziert.
Eine Untersuchung der Blutgefäße ergab keine raumfüllende Veränderung (Tumor). Die Gefäße wirkten ganz normal. Der Patient erholte sich gut von dieser Prozedur.

25. Tag

Der Leib war weich und nicht druckempfindlich. Der Patient fühlte sich wohl. Er bekam noch Chloramphenicol. Die Enzyme hatten sich inzwischen wieder vollkommen normalisiert.

26. Tag

Der Patient hatte kein Fieber und fühlte sich wohl. Die Chirurgen beschlossen, alle Antibiotika abzusetzen und abzuwarten, ob Fieber und Symptome wiederkehrten.

27. Tag
Die Antibiotika wurden abgesetzt. Temperatur und Anteil der weißen Blutkörperchen blieben normal. Der Patient selbst war gut aufgelegt.

28. Tag
Auch am zweiten Tag ohne Antibiotika ergab sich keine erkennbare Verschlechterung im Zustand des Patienten. Seine Frau erklärte, sein Geisteszustand sei wieder vollkommen normal.

29. Tag
Auch am dritten Tag blieb sein Zustand konstant. Er sagte selbst, er fühle sich wohl. Er hatte weder Fieber noch eine erhöhte Anzahl weißer Blutkörperchen.

30. Tag
Mr. O'Connors Zustand war immer noch gut. Sein Leib blieb weich und druckunempfindlich. Er gab an, sich wohl zu fühlen. Inzwischen stand fest, daß sich eine Operation erübrigte. Seine Entlassung wurde für den folgenden Tag in Aussicht genommen.

31. Tag
Entlassung. Die Diagnose lautete: Fieber unbekannten Ursprungs in Verbindung mit *bacteroides septicemia.* Die Ärzte im Krankenhaus vertraten nach wie vor die Meinung, daß der Patient vermutlich unter einer Infektion des Gallengangsystems gelitten hatte.

Fünf Tage nach seiner Entlassung aus dem Krankenhaus wurde Mr. O'Connor in der chirurgischen Klinik von Dr. Jack Monchik nachuntersucht. Er ordnete zu einem späteren Zeitpunkt erneute Röntgenaufnahmen der Gallenblase an und wies darauf hin, daß eine Entfernung der Gallenblase angebracht sein könnte, falls der Patient auch weiterhin Schwierigkeiten mit Entzündungen habe. Vorerst dürfte der Patient jedoch als vollkommen geheilt betrachtet werden.

»Nichts zu tun ist zuweilen ein treffliches Heilmittel«, sagt Hippokrates. Auf den ersten Blick scheint Mr. O'Connors Krankenhausaufenthalt diesen Grundsatz des »abwartenden Beobachtens« zu bestätigen. In Wirklichkeit stimmt das jedoch nicht: Ohne sofortige Behandlung wäre Mr. O'Connor vermutlich innerhalb von vierundzwanzig Stunden gestorben. Er erhielt eine lebenswichtige symptomatische Therapie, die sein Fieber senkte und die lebenswichtigen Funktionen durch die künstliche Beatmung direkt unterstützte. Er wurde von mehreren

Ärzteteams genauestens überwacht; sie waren jederzeit in der Lage, zusätzliche Maßnahmen für ihn zu ergreifen, falls sein Körper einer solchen Hilfe bedurft hätte.

Mr. O'Connor war zudem der Mittelpunkt intensiver diagnostischer Arbeit, die allerdings nicht so viel an Informationen erbracht hatte, wie wünschenswert gewesen wäre. Die Behandlung war erfolgreich, und doch konnte bei seiner Entlassung kein einziger Arzt wirklich behaupten, er habe gewußt, worum es in seinem Fall ging. Am wahrscheinlichsten war noch die Diagnose einer Cholangitis und Cholezystitis, obgleich sie niemals erwiesen wurde.

Die Krankenhausrechnung für die einmonatige Behandlung belief sich auf 6 172,55 Dollar. Das sind nur ein paar Dollar weniger als Mr. O'Connors Jahreseinkommen. Aber darüber brauchte er sich keine Sorgen zu machen. Im Gegensatz zu vielen anderen war er ausreichend versichert. Er selbst mußte nur 357 Dollar bezahlen.

Auch in dieser Hinsicht hatte Mr. O'Connor wirklich sehr viel Glück.

Die Kosten sind das größte Problem moderner Krankenhäuser. Diese Kosten lassen sich auf sehr unterschiedliche Art und Weise aufgliedern, was meist nicht viel nützt und nur Verwirrung stiftet. Aber an den folgenden Punkten ist nicht zu rütteln:

Erstens: Die Krankenhauskosten sind in schwindelnde Höhen emporgestiegen. Heute bezahlt ein Patient des MGH im Durchschnitt *pro Stunde* etwa ebensoviel, wie er 1925 *pro Tag* zu bezahlen hatte. Noch 1940 konnte ein Privatpatient sein Krankenhauszimmer für 10,25 Dollar am Tag bekommen. Aber schon 1964 kostete es 50,10 Dollar pro Tag und 1969 zwischen 72 und 110 Dollar. Die jährliche Steigerungsrate beträgt sechs bis acht Prozent. In den vergangenen drei Jahren mußte das MGH alljährlich die Pflegesätze erhöhen. Aber nicht nur Lehrkrankenhäuser sitzen finanziell in der Klemme. Alle amerikanischen Krankenhäuser erhöhen ihre Sätze in etwa demselben Verhältnis.

Zweitens: Die Krankenhauskosten sind wesentlich rascher gestiegen als die Preise anderer Waren und Dienstleistungen. In den letzten Jahren stellten die Kosten für ärztliche Versorgung den am raschesten ansteigenden Faktor im Lebenshaltungskosten-Index dar, und hier machten die Pflegesätze wiederum den größten Teil des Anstiegs aus. Auch Arzthonorare sind rascher gestiegen als andere Faktoren dieses Index; in den letzten zehn Jahren nahmen sie um rund 30 Prozent zu, während sich die Krankenhauskosten verdoppelt haben.

Drittens: Wer daran denkt, ein Krankenhaus aufzusuchen, macht sich heutzutage keine unmittelbaren Gedanken mehr um die Kosten. Die Kostendeckung von dritter Seite hat zu einer allgemeinen Gleichgültigkeit gegenüber den Krankenhauskosten geführt. Das ist sehr unklug, weil

POSTING DATE MONTH	DAY	CHARGE DESCRIPTION		TOTAL CHARGE	INSURANCE COVERAGE	CHARGE TO PATIENT
06	05	CHEM-LAB	0548209 F	4,00	4,00	
06	05	CHEM-LAB	0548243 F	2,50	2,50	
06	05	CHEM-LAB	0548290 F	6,00	6,00	
06	05	CHEM-LAB	0548291 F	2,00	2,00	
06	05	CHEM-LAB	0548359 F	2,00	2,00	
06	05	CHEM-LAB	0548361 F	5,00	5,00	
06	05	CHEM-LAB	0548387 F	2,50	2,50	
06	05	CHEM-LAB	0548407 F	2,00	2,00	
06	05	CHEM-LAB	0548431 F	2,00	2,00	
06	05	CHEM-LAB	0548455 F	4,00	4,00	
06	05	CHEM-LAB	0548519 F	5,00	5,00	
06	05	CHEM-LAB	0548660 F	12,50	12,50	
06	05	CHEM-LAB	0548663 F	12,50	12,50	
06	05	CHEM-LAB	0548213 F	5,75	5,75	
06	05	X-RAY	0524307 E	24,00	24,00	
06	05	X-RAY	0524401 E	28,00	28,00	
06	05	XRAY-PORTABLE-FILMS	0525026 E	8,00	8,00	
06	05	X-RAY	0525207 E	8,00	8,00	
06	05	ROOM BF		90,00	67,68	22,32
06	06	CHEM-LAB	0548444 F	12,00	12,00	
06	06	CHEM-LAB	0548221 F	25,00CR	25,00CR	
06	06	B-M-R-LAB	0544005 F	5,00	5,00	
06	06	I V SOLUTION	14610 D	115,00	115,00	
06	06	MEDICATION	08754 D	23,10	23,10	
06	06	MEDICATION	08754 D	1,10	1,10	
06	06	MEDICATION	05850 D	39,95	39,95	
06	06	MEDICATION	20290 D	16,60	16,60	
06	06	MEDICATION	31040 D	3,50	3,50	
06	06	MEDICATION	15160 D	25,20	25,20	
06	06	MEDICATION	15160 D	3,60	3,60	
06	06	MEDICATION	15000 D	7,95	7,95	
06	06	MEDICATION	19525 D	102,00	102,00	
06	06	MEDICATION	13310 D	3,00	3,00	
06	06	SFT.LUMBAR PUNCTURE	0373674 G	,80	,80	

T 6 25M 1/65   PLEASE MAKE CHECKS PAYABLE TO THE MASSACHUSETTS GENERAL HOSPITAL

PAY LAST AMOUNT IN THIS COLUMN

die meisten Leute allzu spät entdecken, daß ihre Versicherung nur ein Viertel bis ein Drittel der anfallenden Kosten trägt.

Viertens: Doppelversicherungen ermöglichen es manchen Patienten, aus dem Krankenhausaufenthalt noch ein Geschäft zu machen, während andererseits die Leistungen der Sozialversicherungen niemals die wahren Kosten decken. Aus dieser Zwangslage heraus sind die Krankenhäuser dazu übergegangen, Privatpatienten und deren Versicherungen über Gebühr zu schröpfen, um das durch die zu geringen Erstattungen der Sozialversicherungen entstehende Defizit wettzumachen. Im Falle des MGH wird diesen Patienten pro Tag ein Betrag von etwa zehn Dollar zuviel berechnet.

Fünftens: Kein einziges Krankenhaus kann seine Finanzierungsprobleme für sich allein lösen; es wird vielmehr von der Tätigkeit oder auch vom Niedergang anderer Krankenanstalten der Umgebung beeinflußt. Der Verfall des Boston City Hospital, des Städtischen Krankenhauses der Stadt Boston, und seine Verkleinerung auf die Hälfte des früheren Fassungsvermögens haben auf die übrigen Bostoner Krankenanstalten einen erheblichen Druck ausgeübt. Sie sehen sich nun gezwungen, genau diejenigen Patienten aufzunehmen, an denen ein Krankenhaus Geld verliert: die Sozialversicherten.

Das Beispiel des Städtischen Krankenhauses von Boston, einer von Steuergeldern getragenen Anstalt, ist typisch für das Schicksal vieler ähnlicher Krankenhäuser in anderen amerikanischen Städten. Der Niedergang hat politische und finanzielle Gründe, aber die Folgen sind stets dieselben: Die Kosten werden auf die Privatversicherten abgewälzt, die für die unzureichenden Sozialleistungen aufkommen müssen. Alles in allem läuft es natürlich auf dasselbe hinaus. Man kann entweder höhere Steuern oder höhere Versicherungsprämien bezahlen. Aber in einer solchen Situation ist es wahrscheinlich günstiger, sich für die eine oder die andere Möglichkeit zu entscheiden. In Amerika ist ein allgemeiner Trend in Richtung auf eine generelle Krankenversicherung unverkennbar. Dr. Knowles bemerkt, jeder Amerikaner sei gesetzlich verpflichtet, für sein Kraftfahrzeug eine Haftpflichtversicherung abzuschließen. Warum sollte man ihn nicht dazu zwingen, auch sich selbst auszureichend zu versichern?*

* Anmerkung des Übersetzers: In Amerika gibt es weder Pflichtversicherung noch Ersatzkassen. Krankenversicherungen werden grundsätzlich privat und freiwillig in beliebiger Höhe abgeschlossen. Bei Bedürftigkeit kommt die »welfare«, die Sozialfürsorge, für die Kosten auf. Sie bezahlt an die Krankenhäuser, wie hier erwähnt wird, Sätze, die nicht kostendeckend sind. Neuerdings werden zunehmend Stimmen laut, die eine allgemeine Versicherungspflicht zumindest der unteren Einkommensgruppen etwa nach europäischem Muster verlangen.

Sechstens: Wenn auch die private Krankenversicherung als finanzielles Allheilmittel erscheint, sollte man nicht außer acht lassen, daß private Versicherungsgesellschaften beim Kostenersatz oft unvernünftig handeln. So konnte man beispielsweise viele Jahre lang gewisse Behandlungen – wie das Einrichten eines Knochenbruchs – nur dann erstattet bekommen, wenn man wenigstens für eine Nacht in ein Krankenhaus eingewiesen wurde. Ein Patient, der normalerweise nach ambulanter Behandlung auf der Unfallstation wieder hätte nach Hause gehen können, mußte aufgenommen werden, damit er seine Kosten ersetzt bekam. Dieser unnötige Krankenhausaufenthalt erhöht natürlich die Behandlungskosten. Solche Kostensteigerungen wurden letztlich wieder in Form höherer Prämien an die Versicherten weitergegeben. Einige dieser seltsamen Praktiken wurden inzwischen geändert, aber längst nicht alle.

Siebtens: Das amerikanische Gesundheitswesen in seiner ganzen Breite, angefangen vom privat praktizierenden Spezialisten bis hin zum städtischen Krankenhaus, hat es niemals fertiggebracht, eine gesunde privatwirtschaftliche Basis zu erlangen. Die amerikanische Medizin hat es auch niemals versucht.

Was die Kosten der ärztlichen Versorgung betrifft, so haben sich die amerikanischen Ärzte ausgesprochen verantwortungslos gezeigt. Diese Verantwortungslosigkeit läßt sich unmittelbar auf den Ärztebund, die *American Medical Association* (AMA) zurückführen.

In den letzten vierzig Jahren hat die AMA auf jede nur erdenkliche Weise gegen die Interessen des Patienten gearbeitet. Es gehört zu den Eigentümlichkeiten dieser Gesellschaft, daß sie zudem auch gegen die Interessen der Ärzte arbeitete.

Dr. James Howard Means sagte einmal über die AMA: »Sie vertritt eine ganz ähnliche Ideologie wie die Gewerkschaften . . . sie hat jetzt, genau wie die streitbaren Gewerkschaften, einen ständigen politischen Aktionsausschuß eingesetzt. Jeglicher Versuch liberal gesinnter Gruppen, die ärztliche Versorgung zu verbessern und größeren Kreisen zugänglich zu machen . . . wurde von der AMA mit zunehmender Heftigkeit bekämpft . . . Vielleicht vergessen diese Leute, daß die Medizin für das Volk und nicht für die Ärzte da ist. Über diesen Punkt sollte man die Herren mal aufklären.«

Die ablehnende Haltung der AMA erwies sich als äußerst kostspielig. Zu den Fragen der Arztkosten heutzutage sollen nur einige Punkte angeführt werden.

Seit 1930 widersetzte sich die AMA freiwilligen Krankenversicherungen wie *Blue Cross*. 1932 wehrte sie sich gegen die Einrichtung von Kliniken mit Gemeinschaftspraxen. Ein Jahr später setzte ihre erfolgreiche Kampagne gegen die Errichtung neuer Medizinischer Fakultäten und für

Zulassungsbeschränkungen zu den bereits bestehenden ein. Aus diesem Grund leiden wir heute unter Ärztemangel.
In neuerer Zeit bekämpfte die AMA mit einem Aufwand von Millionen – keiner weiß genau, wie viele Millionen dafür vergeudet wurden – das Programm *Medicare*, das zehn Prozent der Bevölkerung eine bessere Gesundheitsvorsorge und den Ärzten wesentlich höhere Einkünfte garantieren sollte.
Wie kurzsichtig die AMA handelte, läßt sich ermessen, wenn man sich das Protestgeschrei der privaten Ärzte vorstellt, wollte heute jemand den Versuch zur Abschaffung von *Medicare* wagen. Weiterhin hat es die AMA versäumt, einen konsequenten Standpunkt zu den Preisen rezeptpflichtiger Arzneimittel in den Vereinigten Staaten zu beziehen, obwohl jeder objektive Beobachter diese Preise für eindeutig überhöht halten muß.
Bedenklicher ist, daß die AMA etwas zugelassen hat, was man höflicherweise als »Blinden Fleck im Gesundheitswesen« bezeichnen könnte. Das *Journal of the American Medical Association* weigerte sich, eine im Auftrag der Regierung erstellte Studie über kombinierte Antibiotika abzudrucken, aus der hervorging, daß viele dieser teuren Medikamente nutzlos oder gar gefährlich sind.
Die AMA hat es bis heute versäumt, das Zigarettenrauchen zu verurteilen, und zwar trotz der überwältigenden Beweise dafür, daß diese Angewohnheit – für gewisse Wirtschaftsgruppen sehr gewinnbringend – viele Krankheiten, Leiden und hohe medizinische Aufwendungen in den USA verursacht.
So kann man nur zu dem Schluß gelangen, daß sich die *American Medical Association* vierzig Jahre oder noch länger nicht um die Interessen der Patienten gekümmert hat. Sie stemmt sich aus ihrer Tradition heraus gegen eine bessere und billigere ärztliche Versorgung. Das einzige, was sie wirklich interessiert, ist das Bankkonto des Arztes, und selbst in dieser Hinsicht unterlaufen ihr erstaunliche Fehleinschätzungen.
1967 beklagte Milford O. Rouse, der neugewählte Präsident der AMA, in seiner Antrittsrede die in Amerika um sich greifende Vorstellung, ärztliche Versorgung sei ein Recht aller Bürger und nicht ein Privileg. Seine Auffassung fand bei der empörten Öffentlichkeit keine sehr günstige Aufnahme. Seitdem sind seine Nachfolger in diesem Punkt vorsichtiger geworden. Dennoch hat sich bei den AMA-Präsidenten die Gewohnheit eingebürgert, herumzureisen, Reden vor Ärzten zu halten und das zu preisen, was sie »phänomenales Wachstum der Gesundheitsindustrie« nennen.
Dieses Wachstum läßt sich nicht anzweifeln. Der Umsatz dieses Industriezweiges stieg von 7,5 Milliarden Dollar im Jahre 1948 auf mehr

als 27 Milliarden im Jahre 1965 und über 50 Milliarden für 1968 an. Man erwartet, daß bis 1975 die 100-Milliarden-Grenze überschritten sein wird. Das ist eine Aussicht, die den Wall-Street-Maklern Jubelschreie entlocken dürfte. Die Medizin ist jedoch eine Dienstleistung und keine Industrie. Man sollte sie deshalb mit anderen Augen betrachten.

Die Vereinigten Staaten geben mit 6,2 Prozent tatsächlich einen größeren Teil ihres Bruttosozialprodukts für das Gesundheitswesen aus als irgendein anderes Land der Welt. Auch in absoluten Zahlen liegen die Ausgaben höher als in allen anderen Ländern.

Dennoch sieht es bei einem objektiven Vergleich – Kindersterblichkeit, Lebenserwartung und so weiter – für die Vereinigten Staaten gar nicht gut aus.

Andere Staaten schneiden hier besser ab, und die meisten von ihnen haben die Medizin in irgendeiner Form sozialisiert. In dieser Beziehung sind die USA ungewöhnlich rückschrittlich. Dennoch haben sich viele nüchtern denkende amerikanische Beobachter die sozialisierten Gesundheitssysteme Europas genau angesehen und sind kopfschüttelnd zurückgekehrt. Man bezweifelt weithin, daß die USA jemals ein europäisches Muster werden übernehmen können. Amerika wird höchstwahrscheinlich einen eigenen Weg finden müssen. Eine Kombination von Gruppenversicherung und Gruppenpraxis (im wesentlichen das System von Kaiser und anderen) dürfte durchführbar, wirtschaftlich vertretbar und praktisch anwendbar, dabei für Ärzte und Patienten gleichermaßen akzeptabel sein.

Zweifellos ist die Vorstellung vom Arzt als freiem Unternehmer, der an den Leiden seiner Patienten ein Vermögen verdient, überholt, geschmacklos und im Aussterben begriffen.

Es ist nur noch eine Frage der Zeit.

Insgesamt gesehen hat es natürlich keinen Sinn, einen Schuldigen zu suchen, sei es bei den Ärzten, den Versicherungsgesellschaften, Politikern oder bei der gleichgültigen Öffentlichkeit. Sie alle scheinen geichermaßen blind zu sein und überhaupt nicht zu begreifen, warum die Krankenhauskosten so beängstigend ansteigen. Im Jahre 1967 sin die Pflegesätze in den USA um durchschnittlich 15 Prozent gestiegen. Was geht hier vor?

Die täglichen Pflegesätze stellen den größten Faktor auf der Krankenhausrechnung dar. Jeder Buchhalter hat seine eigene Methode, diesen Posten aufzuschlüsseln; aber die klarste Aufgliederung dürfte die folgende sein.

1969 mußte man im MGH für ein Zimmer zweiter Klasse 70 Dollar bezahlen. Dieser Preis setzt sich wie folgt zusammen:

Täglicher Pflegesatz: 70,00 Dollar

Laufende Unterhaltungskosten plus Verwaltung (»Hotelkosten«)	6,96 Dollar
Verpflegung und Diätküche	5,82 Dollar
Pflege des Patienten	18,42 Dollar
Labor, Personal, Röntgen, Aufzeichnungen, Medikamente	28,80 Dollar
Überzahlung (zur Deckung des Defizits aus Sozialleistungen)	10,00 Dollar
Insgesamt	70,00 Dollar

Diese Aufgliederung entkräftet einen der ältesten Vorwürfe gegen die Krankenhäuser, den eine Zeitschrift so formuliert hat: »Ich habe beruflich viel mit Hotels und Hoteldirektoren zu tun und weiß, daß ein gutes Hotel imstande ist, mir für 30 Dollar pro Tag ein schönes Zimmer und drei Mahlzeiten zu geben, Steuern zu bezahlen und trotzdem noch einen Gewinn zu erwirtschaften. Ein Krankenhaus braucht keinerlei Steuern zu entrichten und bleibt bei 65 Dollar pro Tag trotzdem noch in den roten Zahlen. Das kann doch nur an der schlechten Verwaltung liegen.«

Wenn die Analogie stimmte, wäre auch die Schlußfolgerung richtig. Aber ein Krankenhaus ist kein Hotel. Die reinen »Hotelkosten« liegen außerdem mit 6,96 Dollar täglich durchaus in einem vernünftigen Rahmen. Für jedes anständige Motelzimmer muß man in Boston das Doppelte bezahlen. Auch die Verpflegungskosten sind mit 5,82 oder 1,95 Dollar pro Mahlzeit angemessen, wobei man noch berücksichtigen muß, welche Leistungen von der Küche eines Krankenhauses verlangt werden. Hierzu gehören beispielsweise an die achtzig verschiedene Spezialdiäten. Die ECHTEN Krankenhauskosten – also jene Kosten, die in einem Krankenhaus, nicht aber in einem Hotel anfallen – liegen andererseits sehr hoch. Sie machen 90 Prozent des gesamten Pflegesatzes aus. Es erhebt sich die berechtigte Frage, ob man diese Kosten nicht senken könnte. Kein vernünftiger Geschäftsmann käme auf den Gedanken, seine Übernachtungsspesen auf einen Betrag unter 7 Dollar drücken zu wollen. Strebt man also eine Kostensenkung an, muß man den Hebel bei den anderen Faktoren der Rechnung ansetzen.

In diesen Kosten schlägt sich jedoch die erhöhte technische Kapazität des modernen Krankenhauses nieder. Mr. O'Connors Beispiel ist bezeichnend dafür: Die meisten der bei ihm angewandten Verfahren standen 1925 – damals hätte er für sein Zimmer im Krankenhaus nur ein

Fünfundzwanzigstel des heutigen Preises bezahlt – noch gar nicht zur Verfügung. Diese neuen technischen Möglichkeiten kosten Geld. Dabei sind sie wirklich ihr Geld wert, wie das größtenteils auch in anderen Sparten gilt: Erziehung, Verbrechensbekämpfung, Hygiene und einer Reihe anderer Dienstleistungen. Wenn man sich in eine hochqualifizierte Intensivpflege-Station begibt, in der für jeden Patienten sechs Angestellte (hauptsächlich Nichtärzte) zur Verfügung stehen, und wenn man diesen Leuten anständige Gehälter zahlen soll, dann muß diese Pflege teuer sein. Es kostet auch Geld, komplizierte Geräte anzuschaffen und ständig einsatzbereit zu halten. Und es kostet Geld, wenn man so ein Krankenhaus an dreihundertfünfundsechzig Tagen im Jahr rund um die Uhr dienstbereit halten muß.
Manches davon ist leichter einzusehen, wenn man es aus dem Krankenhaussektor ausklammert. Wäre jemand gezwungen, für einen Achtstundentag sechs Sekretärinnen für 2,50 Dollar pro Stunde zu engagieren, dann würde das pro Tag 120 Dollar kosten. Müßte man für einen Achtstundentag zwei Gärtner für je 4 Dollar pro Stunde beschäftigen, so kostete das immer noch 64 Dollar am Tag.
All das läßt sich am Beispiel eines einfachen Vorgangs wie einer Röntgenaufnahme des Brustkorbs verdeutlichen. Ein privater Radiologe wird in seiner Praxis eine solche Aufnahme für die Hälfte oder gar ein Drittel der im Krankenhaus berechneten Kosten durchführen. Der niedrigere Preis ergibt sich hauptsächlich aus der Tatsache, daß er mit einem Achtstundentag und einer Vierzigstundenwoche kalkulieren kann; die übrigen Kosten wie Einrichtung und Zubehör bleiben dieselben. Aber in der Medizin ist es heutzutage wie in den meisten anderen Berufszweigen auch: Mitarbeiter sind teurer als alles andere. Personalkosten und -nebenkosten machen heute achtzig Prozent des Krankenhausetats aus. Der steile Anstieg der Pflegesätze in letzter Zeit ist zum guten Teil unmittelbar auf die Weigerung dieser Angestellten zurückzuführen, das Gesundheitswesen dadurch zu subventionieren, daß sie sich mit Gehältern zufriedengeben, die in anderen Industriezweigen für vergleichbare Positionen unangemessen wären. Ihre Forderungen sind berechtigt. Die meisten von ihnen sind immer noch unterbezahlt. Ihre Gehälter werden in Zukunft weiter ansteigen.

Dennoch kann man gerechterweise nicht behaupten, die Krankenhäuser wirtschafteten besonders rationell. Gerade in einem Lehrinstitut wird der Kostenseite weitaus weniger Beachtung geschenkt, als wünschenswert wäre. Die Frage, ob wirklich so viele Einzeluntersuchungen nötig sind, führt zu endlosen Auseinandersetzungen. Aber Bedenken sind auch da angebracht, wo die Ärzte, die diese Untersuchungen anordnen, keine

Ahnung davon haben, was den Patienten dafür in Rechnung gestellt wird. Ärzte neigen ganz allgemein zu dem Grundsatz: »Nur keine Kosten scheuen.« Dieser Philosophie wird man einen Dämpfer aufsetzen müssen.

Bei genauerem Hinsehen scheint die Struktur des heutigen Krankenhauswesens jedoch zu einer altmodisch anmutenden Schlußfolgerung zu führen: Man soll nur dann hingehen, wenn es absolut nötig ist.

Wenn sich ein diagnostisches Verfahren auch ambulant durchführen läßt, dann sollte man das machen. Wenn Untersuchungen oder Röntgenaufnahmen außerhalb des Krankenhauses gemacht werden können, sollte man diese Möglichkeit nutzen. Niemand sollte in ein Krankenhaus aufgenommen werden, bei dem eine stationäre Behandlung nicht unumgänglich ist. Niemand sollte aufgenommen werden, der nicht tatsächlich ständig der Dienste von Ärzten, Pflegepersonal und Labors bedarf.

Jahrzehntelang war die Einlieferung ins Krankenhaus eine Notwendigkeit, weil es keine andere Behandlungsmöglichkeit gab. Für einen Großteil der Bevölkerung gab es entsprechende Pflege und Versorgung nur im Krankenhaus oder gar nicht. Das Kliniksystem stellte einen schlechten Kompromiß dar, weil Massen von Patienten stundenlang, oft sogar tagelang auf verhältnismäßig einfache Untersuchungen warten mußten.

Es besteht einige Hoffnung, daß die Zweigkliniken zur Lösung dieses Problems beitragen werden. Aus der Studie einer Zweigklinik in Boston geht hervor, daß die Arbeit dieser Klinik zu einer Reduzierung der stationären Fälle geführt hat.

Jedenfalls müssen Alternativen gefunden werden, weil kaum damit zu rechnen ist, daß sich die Krankenhauskosten jemals verringern lassen. Man kann bestenfalls hoffen, sie irgendwo in der Nähe von 100 Dollar pro Tag zu stabilisieren. Das Krankenhaus ist und bleibt ein teurer Spaß – aber es hat seine Berechtigung und wird auch wirtschaftlich vertretbar sein, wenn man sich seiner vernünftig bedient.

Peter Luchesi

Chirurgentradition

Um 15 Uhr 15 wurde die Unfallstation verständigt, daß ein Krankenhaus aus der Umgebung Bostons einen Patienten einliefern werde: einen jungen Mann, dem bei einem Betriebsunfall ein Arm fast völlig abgetrennt worden war.

Er traf eine Stunde später ein und wurde sofort vom Aufnahmearzt Dr. Hopkins untersucht. Hopkins schickte ihn in den OP 1 und rief die beiden Hauschirurgen Eugene Appel und Terry Mixter zur Untersuchung des Neuzugangs herbei.

Der Patient war zweiundzwanzig, mittelgroß und kräftig gebaut. Er wirkte sehr blaß und sprach mit matter Stimme. Seine linke Hand war bandagiert und geschient. An seinem rechten Arm war eine Infusion angelegt worden, aber die Leitung war infiltriert. Auch sein Kinn war bandagiert. Die Verbände wurden entfernt, eine neue Infusion angeschlossen. Das Kinn wies einen nicht allzu tiefen, etwa fünf Zentimeter langen Riß auf. Die Medizinstudentin Sue Rosenthal wurde beauftragt, die Wunde zu versorgen. Inzwischen beschäftigten sich Appel und Mixter eingehend mit der Armverletzung, die ziemlich böse aussah.

Der linke Arm war zehn Zentimeter über dem Handgelenk zerquetscht. Nach allen Richtungen standen Knochen heraus. An mehreren Stellen waren rötliche Muskelpartien und silbrige Fasziengewebe bloßgelegt. Oberhalb der Verletzung war der ganze Arm stark angeschwollen. Die Hand hatte ihre normale Größe behalten, wirkte jedoch im Vergleich zum Arm klein und atrophisch. Sie war intensiv bläulich-grau gefärbt.

Dr. Appel griff vorsichtig nach der Hand, die nur noch lose am Handgelenk hing. Er suchte nach dem Puls, fand aber unterhalb des Ellbogens keinen. Dann berührte er die einzelnen Finger mit einer Nadelspitze und fragte Luchesi, ob er etwas spüre. Das Ergebnis war nicht eindeutig, aber es schien eine gewisse Einbuße des Tastsinns vorzuliegen. Der Patient war nicht imstande, seine Finger zu bewegen.

Inzwischen war der Orthopäde Robert Hussey eingetroffen und untersuchte die Hand. Er stellte einen Bruch beider Unterarmknochen, der Elle und der Speiche, fest und begann die Hand hochzubinden.

Vor der Tür zum OP wurde Dr. Appel von einem Sanitäter angehalten.
»Werden Sie die Hand erhalten oder abnehmen?«
»Natürlich werden wir sie erhalten«, antwortete Dr. Appel. »Es ist doch eine gute Hand.«

Der Patient erhielt zunächst zwei Gramm Cephalotin intravenös, dazu weitere Tetanusmittel. Schmerzstillende Mittel hatte er schon in dem anderen Krankenhaus bekommen und bisher keine weiteren verlangt.

Da es sich um einen Fall der Arbeiterversorgung handelte, sollte die Operation durch private Ärzte ausgeführt werden. Hugh Chandler übernahm die Orthopädie, Ashby Moncure die allgemeine Chirurgie. Um 17 Uhr 15 kam Dr. Moncure, sah sich die Hand an, überzeugte sich davon, daß sie noch zu retten war, und setzte die Operation an. Er telefonierte mit Dr. Chandler und faßte das Ergebnis seiner Untersuchung so zusammen: »Äußerliche Quetschung der linken Hand mit einem komplizierten Bruch sowohl der Elle als auch der Speiche. Versorgung der Nerven und Arterien macht einen guten Eindruck.«

Unterdessen wurde ein tragbares Röntgengerät hereingebracht, um eine Aufnahme des Brustkorbs und zwei Bilder der verletzten Hand zu machen. Die Medizinstudentin hatte inzwischen die Rißwunde am Kinn vernäht. Dr. Moncure erschien noch einmal und vergewisserte sich, daß eine Blutprobe zur Blutbank geschickt worden war. Dann ging er wieder, um einen möglichst frühen Termin für den Operationssaal zu bekommen.

Um 17 Uhr 30 klagte der Patient zum erstenmal über Schmerzen in der Hand. Während die Chirurgen noch darüber berieten, welches schmerzstillende Mittel verabreicht werden sollte, kam eine Schwester und meldete, der Patient sei nun an der Reihe und könne auf die Operation vorbereitet werden. Er bekam Atropin, Nembutal und Demerol. Damit war gleichzeitig die Frage der Schmerzbekämpfung erledigt.

Dr. Hussey sah sich die inzwischen hochgebundene Hand an und stellte fest, daß sich ihr Aussehen etwas gebessert hatte. Die Färbung wirkte frischer. Er legte weiche Gaze um die Wunde und begab sich in die Röntgenabteilung, um die Filme zu betrachten. Zu diesem Zweck stand den Ärzten des Krankenhauses ein »Lesezimmer« zur Verfügung, ein kleiner Raum mit erleuchteten Milchglaswänden, an denen man Röntgenaufnahmen betrachten konnte. Aber der Raum war besetzt. Dr. Hussey ging in die Dunkelkammer, vorbei an mehreren Verbotsschildern, um sich Luchesis Aufnahmen selbst zu holen. Eine Röntgenassistentin machte ihm deshalb Vorhaltungen, aber er antwortete nur, er habe es eilig.

Er reichte dem Radiologen des Krankenhauses die Filme. Dieser hängte sie auf und begann zu diktieren: »Nummer null-null-sechs, Aufsicht und Seitenansicht des linken Unterarms. Querfraktur der Elle, zehn Zentimeter oberhalb Handgelenk, ebenso der Speiche – Punkt. Erhebliche Schwellung des Gewebes . . .« Er hielt inne, weil er Dr. Husseys Ungeduld bemerkte. »Brustaufnahme normal«, beschloß er sein Diktat und gab Dr. Hussey die Filme. Dieser kehrte zu dem Patienten zurück und überwachte seinen Transport zum Operationstrakt im dritten Stock. Inzwischen war es 18 Uhr. Die Operation war für 18 Uhr 15 angesetzt. Auf der schwarzen Tafel des OP war notiert:

OP 7 *Privat* *Abgetrennter Arm* *Moncure/Chandler*

Im Operationssaal war Brian Dalton, der erste der drei Anästhesisten, die an der sechsstündigen Operation mitwirken sollten, gerade mit einer Axialblockierung beschäftigt. Er injizierte Novocain tief in die Achselhöhle, um das Gefühl in den zur Hand verlaufenden Nervenbahnen abzustumpfen. Moncure besprach unterdessen den Ablauf der Operation: »Wir werden zunächst seine Knochen stabilisieren und uns dann, soweit erforderlich, mit dem Muskelgewebe beschäftigen. Ich denke, daß wir auf zahlreiche zerquetschte Muskelbäuche stoßen werden, besonders bei den Flexoren, aber auf intakte Gefäße und Nerven.« Er bemerkte, rein klinisch gesehen lägen zweifellos Nervenschädigungen vor, doch sei es bei Quetschungen durchaus möglich, daß dabei die Nervenfasern nicht durchtrennt worden seien. Unter solchen Umständen sei der Schaden vermutlich in vollem Umfang zu beheben.
Während die Achselanästhesie noch durchgeführt wurde, traf um 18 Uhr 10 Hugh Chandler ein und betrachtete die Röntgenaufnahmen. Er erklärte, er wolle zunächst die Elle stabilisieren und sich später um die Speiche kümmern. Moncure war außerhalb des Operationssaals mit dem im MGH vorgeschriebenen Waschritual beschäftigt: drei Minuten Händewaschen bis zum Ellbogen mit einer harten Borstenbürste, Reinigung der Fingernägel mit einem orangefarbenen Stäbchen, anschließend Eintauchen der Unterarme in eine keimtötende Alkohollösung. Als er damit fertig war, trat er ein, zog ein Paar sterile Gummihandschuhe über und wusch den Arm mit Spezialseife und Alkohol. Der Nervenblock begann zu wirken. Der Patient verspürte keine Schmerzen mehr, und man konnte den Arm etwas weniger behutsam bewegen.
Der Patient war noch wach, aber benommen. Er sah seinen Arm neugierig an, als gehöre er ihm gar nicht. Moncure fragte ihn, wie es zu dem Unfall gekommen sei. Peter Luchesi erklärte, er arbeite in einer privaten Schiffswerft, und dort sei er von einem siebenhundert Pfund schweren Mastbaum getroffen worden. Der Baum habe seine Schulter gestreift und ihn über Bord geschleudert. Dabei müsse der Mast irgendwie auf seiner Hand gelandet sein, denn seine Hand wurde an der Bordkante eingeklemmt, und er hing hilflos über Bord.
Das war kurz nach Beginn der Mittagspause. Keiner der anderen Kollegen

hielt sich an Bord auf. Peter Luchesi war es gelungen, allein wieder auf das Schiff zu klettern. Daraufhin hatte er versucht, den Baum hochzuheben, aber ohne fremde Hilfe war das unmöglich gewesen. Fünfzehn Minuten verstrichen, bis die anderen erschienen und ihn aus seiner qualvollen Lage befreiten.

Das alles erzählte er mit monotoner Stimme, während er seine Hand anstarrte. Moncure erkundigte sich nach seinem Befinden. Er sagte, die Schmerzen setzten wieder ein. Die Chirurgen umwickelten die Hand mit sterilen Tüchern und waren dabei gezwungen, den Arm mehrfach zu bewegen. Dabei klagte Luchesi noch mehr. Der Achselblock schien nicht zufriedenstellend zu wirken.

Dr. Dalton, der Anästhesist, beugte sich über Luchesi und sagte: »Ich werde Ihnen jetzt diese Maske aufsetzen. Sie werden nur reinen Sauerstoff einatmen. Dann gebe ich Ihnen eine Spritze, nach der Sie einschlafen werden. Machen Sie sich keine Sorgen, sondern atmen Sie nur tief durch und entspannen Sie sich. Okay?«

Luchesi nickte. Die Maske wurde ihm über das Gesicht gezogen. Er atmete tief und sah dabei Dr. Dalton an, der ihm Pentothal intravenös injizierte. Luchesi blinzelte noch einmal, dann schloß er die Augen. Er sank in tiefen Schlaf, aber nur für wenige Minuten. Dann würde er wieder aufwachen, falls nicht zusätzliches Pentothal oder ein anderes Anästhetikum gegeben wurde.

Luchesi bekam noch für eine Weile reinen Sauerstoff, damit sein Blut ausreichend mit Sauerstoff versorgt wurde. Dann injizierte Dalton Succinylcholin, eine curareähnliche Substanz, die den gesamten Körper einschließlich der Atemmuskeln für kurze Zeit lähmt. Er entfernte die Gesichtsmaske, öffnete ihm den Mund, sprühte die Kehle des Patienten mit Kokain aus, um die Luftröhre zu anästhesieren und einen unwillkürlichen Hustenreiz zu verhindern, und schob einen Schlauch durch den Mund in die Luftröhre. Damit war eine direkte Verbindung zur Luftröhre und zu den Lungen hergestellt. Auf diese Weise wurde einer oft tödlichen Begleiterscheinung der Narkose entgegengewirkt, nämlich dem Erbrechen von Mageninhalt und der Verstopfung der Luftröhre.

Der gesamte Vorgang der Intubation nahm nur wenige Sekunden in Anspruch. Danach bekam Luchesi sofort Sauerstoff und Lachgas, ein mildes Betäubungsmittel, zugeführt. Für sich allein hätte das Lachgas keine ausreichend tiefe Narkose für die Operation bewirkt, aber es kam ja noch der Achselblock hinzu. Sobald er nachließ, würde man Halothan, ein stärkeres Gas, dazugeben.

Kurz vor 19 Uhr begann die eigentliche Operation. Zu diesem Zeitpunkt hielten sich sieben Personen im OP auf. Fünf davon waren steril: Moncure und Chandler auf der einen Seite der ausgestreckten Hand, der

Krankenhausorthopäde Charles Brennan und der Medizinstudent Steven Kroll auf der anderen, dazu noch die Operationsschwester, die ihren Platz neben den beiden Tabletts mit Instrumenten eingenommen hatte. Nicht steril waren der Anästhesist und eine Hilfsschwester.

Um die verletzte Hand herum war es eng. Zuerst steckte die Instrumentenschwester Moncure und Chandler sterile Tücher am Rücken fest. Der oberste Teil ihres Rückens, wo die sterilen Operationstücher zusammengebunden waren, blieb nämlich unsteril, und sie wollte dieses Gebiet nicht unabsichtlich berühren.

Im allgemeinen unterscheidet man in einem Operationssaal »saubere« und »schmutzige« Bereiche. Das Operationsfeld, nämlich das freiliegende, rasierte, desinfizierte und meist auch noch mit Plastik abgedeckte Stück Haut, ist sauber, der Rest des mit sterilen Tüchern abgedeckten Patienten ist schmutzig. Die Vorderseite der Chirurgen ist sauber, ihre Rücken sind schmutzig. Oberhalb der Tischebene ist alles sauber, darunter schmutzig; deshalb lassen Chirurgen niemals ihre Hände an den Seiten herabsinken. Geschrubbte und mit Gummihandschuhen bedeckte Hände sind sauber, die von Kappen und Masken bedeckten Gesichter sind schmutzig. Für einen Chirurgen ist es eine schlechte Angewohnheit, mit dem Gesicht zu nahe an das Operationsfeld heranzukommen oder die Gesichtsmaske mit dem Handschuh zu berühren.

Der erste Einschnitt wurde an der Unterseite des Handgelenks, dicht hinter dem Daumen, gemacht. Es ging darum, in diesem Gebiet die Schlagader zu lokalisieren. Moncure und Chandler stimmten während der Arbeit ihr Vorgehen miteinander ab und kamen überein, zuerst die wichtigsten Strukturen freizulegen und zu untersuchen: Ellen- und Speichenarterien, die zum Daumen, beziehungsweise zum kleinen Finger führen, die neben den Arterien verlaufenden Ellen- und Speichennerven und schließlich den Mittelnerv, der etwa in der Mitte des Gelenks in die Hand einmündet.

Als sie zu arbeiten begannen, mußten sie feststellen, daß die Quetschung und die damit verbundenen Blutungen und Gewebeschwellungen das Erkennen der Strukturen erschwerten. Fünf Minuten nach Beginn der Operation wurde die Ellenarterie versehentlich verletzt. In einem dreißig Zentimeter hohen Bogen spritzte ein dünner Blutstrahl hoch. Moncure klammerte die Arterie rasch ab und nähte die Wunde mit einer winzigen Nadel, die kaum doppelt so groß war wie ein gedrucktes Komma. Dann konnte die Operation fortgesetzt werden. Moncure legte die Ellenarterie am Handgelenk auf einer Länge von gut zehn Zentimetern frei. Es wurde allgemein festgestellt, daß das Blut in dieser Arterie zu schwach pulsierte. Die Arterie wurde mit Heparin versorgt, um Embolien weiter vorn im Handbereich zu verhindern.

Um 18 Uhr 20 betrat Leslie Ottinger, ein weiterer Chirurg, den Operationssaal. Er hatte im benachbarten OP 8 sechs Stunden lang die zerschmetterte Hüfte eines Mannes operiert. Ohne den Kopf zu heben, fragte ihn Dr. Moncure: »Waren bei Ihnen die Gefäße noch in Ordnung?«

»Nein«, antwortete Dr. Ottinger, »Oberschenkelarterie und Vene waren vollkommen durchtrennt – sie standen drei Zentimeter auseinander.«

»Wie geht's ihm jetzt?«

»Gut«, antwortete Ottinger. »Wenn alles offenbleibt.« Er beobachtete eine Weile die Arbeit an der Hand. »Ellenarterie schon gefunden?«

»Angeschnitten«, antwortete Moncure.

»So kann man sie auch finden«, bemerkte Ottinger trocken und verschwand.

Die Operation ging weiter. Moncure bemerkte, daß sich im Operationsbereich immer mehr Blut ansammelte. Er tastete nach der Arterie und stellte fest, daß sie jetzt einen kräftigeren Puls aufwies.

Gegen 20 Uhr wurde der Unterschied zwischen dem chirurgisch sezierten Bereich und der Quetschwunde sehr deutlich. Dieser war sauber, glatt, ordentlich freigelegt und blutete nur wenig, jene wirkte zermatscht, und überall sickerte Blut durch. Dr. Moncure warf einen Blick auf die Uhr, ohne seine Arbeit zu unterbrechen. »Ottinger und ich waren für acht zum Tennis verabredet. Jetzt sind wir hier gelandet. Soll uns eine Lehre sein.«

Die Operation machte nur langsam Fortschritte, weil es schwierig war, die Strukturen im Verletzungsbereich zu identifizieren. Eine Sehne, eine Ader, ein Nervenstrang können sich in beschädigtem Zustand überraschend ähnlich sehen, dennoch müssen sie absolut sicher identifiziert werden. Fast jedes Blutgefäß im Körper kann man ohne schädliche Folgen durchtrennen; die Beschädigung einer Sehne ist störend, aber nicht irreparabel, doch die Durchtrennung eines wichtigen Nervs kann katastrophale Folgen haben.

Endlich waren sämtliche Strukturen einwandfrei identifiziert. Es wurde festgestellt, daß sie bis auf die Ellenarterie, die ganz abgerissen war, noch intakt waren. Die Muskelhülle der Arterie war verkrampft und drückte sie ab. Die Enden wurden vorläufig abgebunden, dann übernahm Dr. Chandler und begann mit der Arbeit an den Knochen.

Als erstes entschied er, den linken Arm um einen Zentimeter zu kürzen. Diese Maßnahme war erforderlich, weil an der Elle ein Knochenfragment fehlte und Elle und Speiche dieselbe Länge haben mußten. Durch die Kürzung wurde außerdem die Wiederherstellung der Sehnen erleichtert. Chandler wies darauf hin, daß weder der Patient selbst noch ein Betrachter etwas von der Kürzung bemerken werde.

Er leitete seinen Teil der Operation damit ein, daß er die Enden der

Speiche glattfeilte und sie dann mittels einer Vitaliumplatte, die aus einer Legierung von Kobalt, Chrom und Molybdän bestand, miteinander verband. Dieses Metall verhält sich elektrisch neutral und wird sowohl vom Knochen als auch vom umgebenden Gewebe gut vertragen. Das Verschrauben der Platte am Knochen erwies sich als schwierig; es war erst um 22 Uhr 30 abgeschlossen.
Unterdessen hatte der Anästhesist einige Änderungen vorgenommen. »Der Achselblock läßt jetzt nach«, sagte er. »Wir ersetzen daher das Lachgas durch Halothan in geringer Konzentration. Sollte es zur Schmerzbekämpfung nötig sein, werden wir den Halothananteil erhöhen.« Diesen Zeitpunkt könne er durch genaue Beobachtung des Patienten ermitteln: Er werde zwar nicht aufwachen, aber unruhig werden und unregelmäßig atmen, falls die Narkose zu leicht sei.
Er erläuterte: »Es kommt darauf an, die zur Operation erforderliche Anästhesie minimal zu halten und sie so einzurichten, daß der Patient nach dem Eingriff so bald wie möglich wieder aufwacht.«
Nachdem Dr. Chandler die Speiche instand gesetzt hatte, arbeitete Moncure an den Gefäßen und Geweben weiter. Zunächst untersuchte er noch einmal die Speichenarterie und stellte fest, daß ihre Funktion nicht voll zufriedenstellend war. Er fühlte dazu an der Arterienwand den Puls. Um sich zu vergewissern, daß der Durchgang frei war, verlangte er einen kleinen Fogarty-Katheter, einen dünnen, biegsamen Schlauch mit einem aufblasbaren Gummiball an der Spitze. Wenn vom anderen Ende aus Wasser in den Schlauch geleitet wird, erweitert sich der Gummiball. Man kann den Katheter in eine Arterie einführen und den Ball dann auffüllen. In diesem Zustand zieht man ihn zurück und reinigt dadurch die Innnenwand der Arterie von Bluttropfen und anderen Hindernissen. Der Fogarty-Katheter ist ein verhältnismäßig neues Instrument, das nach seinem Erfinder, einem Chirurgen des Stanford Medical Center, benannt wurde.
Die Diskussion, die sich aus Moncures Wunsch entwickelte, ist typisch für die heutige Medizin. Ihr stehen so viele neue Methoden und Geräte zur Verfügung, daß es schwierig ist, den Überblick zu behalten.
Moncure: »Geben Sie mir den dünnsten Fogarty, den Sie dahaben.«
Die »Laufschwester« brachte einen. »Der hat Nummer vier.«
Moncure: »Lassen Sie mal sehen.« Er nahm ihn aus dem Plastikbehälter und hielt ihn für zu groß. »Einen kleineren haben Sie ganz bestimmt nicht da?«
Die Instrumentenschwester zu ihrer Kollegin: »Ich weiß, daß wir mindestens Nummer sechs dahaben.«
»Aber sechs ist doch größer als vier«, entgegnete die Hilfskraft. Sie sagte es zögernd, weil die Größenbezeichnungen nicht immer einheitlich von

der kleinsten bis zur größten Zahl verlaufen. Harnröhrenkatheter und Nasen-Magen-Katheter sind beispielsweise analog der Größe numeriert – Nummer vierzehn ist größer als Nummer zwölf. Aber bei Nadeln und Nahtmaterial ist es umgekehrt: Eine achtzehner Nadel ist wesentlich größer als eine einundzwanziger Nadel.

»Sehen Sie nach, ob nicht doch etwas Kleineres da ist.« Es stellte sich heraus, daß dies nicht der Fall war. Moncure hatte inzwischen einen kleinen Einschnitt in die Arterienwand vorgenommen und festgestellt, daß er den Fogarty-Katheter Nummer vier ohne Schwierigkeiten einführen konnte. Er füllte den Gummiball, zog ihn zurück und bemerkte, daß sich danach der Puls erheblich besserte. Er vernähte den Einschnitt und fühlte erneut den Puls. »Jetzt klopft er«, sagte er.

Danach richtete Dr. Moncure sein Augenmerk auf die Ellenarterie, die durch den Unfall vollkommen durchtrennt worden war. Diese Arterie ist kleiner als die Speichenarterie; sie hat etwa den Durchmesser einer Bleistiftmine. Als er begann, die Enden mit außerordentlich dünnem Material zu vernähen, bemerkte er: »Mikrochirurgie. Die reinste Uhrmacherarbeit.« Es war inzwischen 23 Uhr 30 geworden. Er legte rasch die Naht. Von nun an verlief die Operation, die sich jetzt hauptsächlich mit größeren Strukturen befaßte, rascher. Die zerrissenen Sehnen verband man durch Nähte. Ein kräftiger Nagel wurde in die Höhlung der Elle eingesetzt. Dreißig Minuten nach Mitternacht begannen die Chirurgen mit dem Schließen der Wunde.

Es war von vornherein klar gewesen, daß sich der Wundbereich nicht restlos würde schließen lassen. Die Gewebe waren beschädigt und geschwollen. Hätte man die Haut straff darübergespannt, so wären die Arterien zusammengedrückt worden. Damit hätte man die Blutzufuhr zur Hand unterbunden, und alle chirurgischen Bemühungen wären umsonst gewesen. Der Einschnitt wurde deshalb nur teilweise geschlossen – innen am Handgelenk blieb eine abgegrenzte Fläche offen. Diese würde sich teilweise von selbst schließen, und der Rest würde dann vernarben. Nach vier bis fünf Tagen sollte diese Fläche noch einmal darauf hin untersucht werden, ob eventuell eine Hautübertragung nötig war. Die Hauptsorge der Chirurgen war die Infektionsgefahr. Es wurde beschlossen, den Patienten weiterhin mit Cephalotin zu behandeln.

Um 1 Uhr morgens war die Operation beendet. Der Patient kam noch im OP zu sich und wurde in die Beobachtungsstation gebracht. Während der ersten vierundzwanzig Stunden bekam er starke Beruhigungsmittel, aber am dritten Tag ließen seine Schmerzen merklich nach. Vierzehn Tage später wurde er aus dem Krankenhaus entlassen. Zwei Monate später stellte Dr. Moncure bei einer Nachuntersuchung fest, daß der Patient in der Hand, die fast abgetrennt gewesen war, praktisch die normale

Funktion und den vollen Tastsinn wiedererlangt hatte. Daß die moderne Chirurgie im Krankenhaus eine immer wichtigere Rolle spielt, ist hauptsächlich drei Faktoren zuzuschreiben. Der erste ist die Entdeckung der Anästhesie. Der zweite ist die Einführung aseptischer Techniken. Der dritte Faktor ist wesentlich neueren Datums: ein besseres medizinisches Verständnis für den Patienten, verbunden mit einer besseren Versorgung vor und insbesondere nach der Operation.

Betrachten wir zunächst die Anästhesie oder Narkose. Einhundertunddrei Jahre bevor Peter Luchesis Hand wieder angenäht wurde, hatte Dr. John C. Warren geschrieben: »Die Chirurgie ist nicht mehr der spektakuläre Beruf, der sie einst war.« Ein gewisses Bedauern fällt bei diesen Worten sofort auf, aber Warren meinte es nicht bedauernd, denn er sprach von der Wandlung der Chirurgie durch die Narkosetechnik.

Man kann sich heute kaum mehr vorstellen, welch ein grausiges, gefährliches und hektisches Geschäft die Chirurgie vor Einführung der Anästhesie war. Warren erinnert sich:

Bei einer Amputation war es üblich, den Patienten in den Operationssaal zu schaffen und ihn auf einen Tisch zu legen. Der Chirurg pflegte seine Hände hinter dem Rücken zu verbergen und zu fragen: ›Wollen Sie das Bein abgenommen haben oder nicht?‹ Verlor der Patient den Mut und sagte ›Nein‹, so wurde er wieder in sein Krankenbett gebracht. Sagte er jedoch ›Ja‹, wurde der Patient unverzüglich von mehreren kräftigen Helfern gepackt, und die Operation nahm ihren Lauf, was immer er danach auch sagen mochte.

Die Befreiung von Schmerzen war nicht der einzige Vorteil der Narkose. Ebenso wichtig war die Entspannung der Muskeln, die vor der Anwendung von Äther folgendermaßen bewerkstelligt wurde: »Im Falle eines ausgekugelten Hüftgelenks, wo man eine völlige Entspannung der Muskeln erreichen mußte, wurde ein reichlich bemessener Einlauf von Tabaklösung gegeben. Während sich das Opfer in einem Kollapszustand durch Nikotinvergiftung befand, wurde der Oberschenkelknochen gewaltsam wieder eingerichtet.«

Man sollte meinen, dieser beklagenswerte Zustand hätte die Chirurgen veranlaßt, nach Methoden der Schmerzlinderung zu suchen und ständig nach neuen geeigneten Drogen Ausschau zu halten. Doch das war keineswegs der Fall. Vierzig Jahre lang waren Mittel zur Schmerzstillung bekannt, bevor sie in der Chirurgie verwendet wurden. Poincaré sagt, die Entdeckung erfordere einen bereiten Geist; wenn das stimmt, müssen die Ärzte seltsam unvorbereitet gewesen sein.

Hier in großen Zügen die Geschichte der Narkose:

Lachgas wurde erstmals von dem englischen Chemiker Joseph Priestley im Jahre 1772 hergestellt. Um 1800 experimentierte Humphrey Davy, ebenfalls ein Engländer, mit diesem Gas, erkannte seine erheiternde und schmerzstillende Wirkung und empfahl die Verwendung bei der Chirurgie. Sein Rat wurde überhört. Statt dessen wurde das Lachgas in der Neuen wie in der Alten Welt zu einer beliebten Volksbelustigung. 1818 stellte man fest, daß Äther dieselbe Wirkung erzielt wie Lachgas. Bald darauf kamen »Ätherorgien« in Mode, insbesondere unter Medizinstudenten und Klinikärzten. Eine ganze Generation junger Ärzte hielt spielerisch den Schlüssel zur Unsterblichkeit in Händen und verschenkte ihn. Wiederholt beobachtete man, daß sich jemand im Ätherrausch verletzen konnte, ohne sich später daran zu erinnern, aber niemand brachte dieses Phänomen mit der praktischen Anwendbarkeit des Mittels in der Chirurgie in Verbindung. Die Blindheit dieser jungen Männer ist ernüchternd. (Um so größer muß da die Hochachtung vor Alexander Fleming werden, wenn man bedenkt, wie leicht seine durch Schimmel verdorbenen Kulturen hätten weggeworfen werden können. Man fragt sich, wie viele Forscher vielleicht schon vor ihm den penicillinerzeugenden Schimmel beobachtet hatten, ohne ihm besondere Bedeutung beizumessen.)
Erschütternd ist die Tatsache, daß 1842 tatsächlich zwei Männer den Äther erfolgreich bei Operationen anwandten – Crawford W. Long in Georgia und Elijah Pope in New York –, sie versäumten es jedoch beide, ihre Erfahrungen einem größeren Publikum mitzuteilen. So blieb ihr Werk ohne Einfluß auf die weitere Entwicklung.
1844 zog Horace Wells, ein Zahnarzt aus Hartford, schmerzlos einen Zahn, indem er Lachgas verwendete. Er teilte diese Neuigkeit sofort einem ehemaligen Zahnarzt und nunmehrigen Medizinstudenten in Harvard, einem gewissen William T. G. Morton, mit. Morton wiederum erwirkte für Wells die Erlaubnis, nach Boston zu kommen und die Anästhesie vor den Studenten des berühmten Dr. John C. Warren am MGH zu demonstrieren. Wells folgte der Einladung auch bald darauf, erzielte jedoch anscheinend mit seinem Lachgas, das ohnehin kein besonders starkes Narkotikum ist, keine ausreichend tiefe Betäubung. Im entscheidenden Augenblick schrie der Patient auf. Wells wurde von den Studenten ausgepfiffen und mußte mit Schimpf und Schande das Feld räumen.
Der Gedanke an eine schmerzlose Operation wurde daraufhin von allen als Hirngespinst fallengelassen – nur nicht von Morton, der später einen Chemiker namens Charles T. Jackson kennenlernte. Jackson empfahl, anstelle von Lachgas Äther zu verwenden. Morton überzeugte sich von der Wirksamkeit dieser Methode und trat selbst an Dr. Warren mit der

Bitte heran, sie öffentlich vorführen zu dürfen. Es spricht für Warren, daß er trotz des eklatanten Fehlschlags, den er erst kurz zuvor beobachtet hatte, einem zweiten Versuch unter seiner Schirmherrschaft zustimmte. Dieser fand am 16. Oktober 1846 im Vorlesungssaal des Krankenhauses unter der Kuppel des Bulfinch-Gebäudes statt.

Es muß eine eigenartige Szene gewesen sein. Morton traf verspätet ein und mußte einige anzügliche Bemerkungen darüber einstecken, ob ihn wohl in letzter Minute der Mut verlassen habe. Der Patient, ein Mann mit einem Kiefertumor, saß auf einem Holzstuhl, das Gesicht Warren und den versammelten Studenten zugewandt. Alle trugen lange Fräcke. Einige Gegenstände standen herum, die man damals als passende Dekoration für den Schauplatz einer Operation ansah: ein Skelett, eine mächtige marmorne Apollostatue und eine Mumie aus Theben. Auch ein Fotograf war anwesend, doch laut einer Zeitungsmeldung »wirkte der Anblick des Blutes so enervierend auf ihn, daß er sich zurückziehen mußte.«

An diesem Tag war der Fotograf offenbar der einzige Leidende, denn der Patient sank in tiefe Narkose, gab während der Operation keinen Laut von sich und erklärte beim Erwachen, daß er keinen Schmerz verspürt habe. Der achtundsechzigjährige Warren wandte sich mit Tränen in den Augen seinen Hörern zu und rief: »Meine Herren, das ist kein Humbug!«

Morton, der Narkotiseur von Warrens Patient, war darauf bedacht, seine Entdeckung finanziell auszubeuten. Er nannte den Äther »Letheon« und versetzte ihn mit verschiedenen aromatischen Ölen, damit niemand aufgrund des typischen Geruchs auf den Gedanken kommen sollte, daß es sich nur um Äther handelte. Der Versuch mißlang, und auch der Markenname wurde fallengelassen, als Oliver Wendell Holmes den Begriff »Anästhetikum« als geeigneter empfahl.

Morton jedoch ließ sich nicht beirren und beantragte beim Kongreß der Vereinigten Staaten eine angemessene Belohnung für seine Entdeckung. Man sprach von hunderttausend Dollar, aber er bekam diese Summe niemals. Unmittelbar darauf meldete ein Senator aus den Südstaaten im Namen von Crawford Long Ansprüche an, und auch Charles Jackson, der Chemiker aus Boston, wollte nicht leer ausgehen. Der Streit schlug hohe Wellen, bis der Ausbruch des Bürgerkrieges im Kongreß andere Probleme in den Vordergrund treten ließ.

Die Sache hatte ein jammervolles Nachspiel. Horace Wells, der Zahnarzt aus Hartford, verlor den Verstand, wanderte ins Gefängnis, weil er zwei Mädchen mit Säure verunstalten wollte, und beging in der Haft Selbstmord. Auch Jackson wurde verrückt; er starb in einer Anstalt. William Morton starb verarmt und vergessen im Alter von neunundvierzig Jahren auf einer Parkbank.

Die Meldung von der gelungen Operation breitete sich in Windeseile aus. Schon etwa zehn Wochen später wurde in England die erste Operation unter Äthernarkose durchgeführt, und zwar von dem berühmten Chirurgen Robert Liston, der zuvor skeptisch verkündet hatte: »Wir probieren jetzt einen Yankeetrick aus, wie man Leute angeblich gefühllos macht.« Obgleich die Narkose einwandfrei wirkte, operierte er in gewohntem Tempo und amputierte ohne Hilfe das Bein an der Hüfte – in genau achtundzwanzig Sekunden.

Die erste bedeutsame Wirkung der Anästhesie bestand darin, daß sich die Zahl der Operationen erhöhte. Die zweite war eine Verlängerung der Operationszeit: Taschenspielerkünste, wie Liston und viele andere sie praktizierten, waren über Nacht unmodern geworden; die neue Devise hieß: peinlichste Sorgfalt.

Im Krankenhaus selbst war die gegenseitige Ansteckung an der Tagesordnung. Besonders infektionsanfällig waren jedoch die Frischoperierten, da es noch keine sterile Operationstechnik gab und die längere Operationsdauer zugleich die Gefahr einer bakteriellen Verunreinigung der Wunde erhöhte. Daher war in den ersten Jahrzehnten nach Einführung der Anästhesie eine Infektion die hauptsächliche Todesursache nach Operationen.

Die überwiegende Mehrzahl der Operationswunden wurde nachträglich infiziert. Die Chirurgen begrüßten sogar den »heilsamen Eiter« in der Wunde. Aber Edward D. Churchill stelte fest: »Wer behauptet, die Chirurgen vor Lister rechneten damit, daß alle Wunden eitern müssen, unterschätzt die Intelligenz vieler Generationen scharfer Beobachter im Laufe der Jahrhunderte . . . Hippokrates lehrte, totes Fleisch in einer Wunde müsse sich in Eiter verwandeln, aber sowohl Theodoricus de Cervia als auch Henri de Mondeville (zwei Chirurgen des Mittelalters) hielten es für selbstverständlich, daß Schnittwunden, in denen für gewöhnlich kaum totes Gewebe auftritt, ohne Eiterung heilen. Noch in Listers Jahrhundert waren sich die englischen Chirurgen bei der Schlacht von Waterloo darin einig, daß man eine Heilung ohne Eiterung erreichen könne, wenn man die Wundränder sauberer Säbelverletzungen mittels Klebestreifen zusammenzog. Listers Methode konnte die Eiterung in verunreinigtem totem Gewebe nicht verhindern, und sie erhob auch nicht diesen Anspruch. Das Ausschneiden toten Gewebes (Wundtoilette) als grundsätzlicher erster Schritt der Wundversorgung kam endlich im Ersten Weltkrieg auf.«

Es kam zu Verwechslungen zwischen den drei Ursachen der Infektion: gegenseitige Ansteckung, Wundinfektion und Zersetzung toten Gewebes in der Wunde. Da es an klaren Erkenntnissen fehlte, schrieb man

Krankenhausinfektionen – »Hospitalismus« genannt – zumeist allgemeinen Umwelteinflüssen zu. Der Lage des Krankenhauses wurde entscheidende Bedeutung beigemessen.
Das Massachusetts General Hospital wurde auf neu gewonnenem Land errichtet. Man stellte fest, im Sommer sei »die Umgebung aufgrund der Ausdünstungen der Niederungen und des neu aufgeschütteten Landes ekelhaft und ungesund.« 1875 empfahlen die Berater dem Direktorium, »wegen der ungeeigneten Aufschüttungen keine neuen Gebäude mehr in der Nachbarschaft der jetzigen Stationen zu errichten . . . Irgendwann in der Zukunft wird es für das Krankenhaus am besten sein, die bestehenden Baulichkeiten aufzugeben und eine neue Lage zu wählen, die sich für die Zwecke eines Krankenhauses besser eignet, als die gegenwärtige es jemals kann.« Das Datum dieser Empfehlung – 1875 – ist bedeutsam, denn sechs Jahre zuvor war im MGH die Listersche Antisepsis durch Mitarbeiter eingeführt worden, die das Krankenhaus des schottischen Forschers in Edinburgh besucht hatten. Dennoch sollte es noch fast dreißig Jahre dauern, bis sich die Antisepsis auch in den USA durchsetzte. Man suchte die Ursachen nach wie vor in Umweltbedingungen – trotz der Tatsache, daß Lister die Infektionsrate in seinem Krankenhaus auf die Hälfte verringert hatte, in einem Krankenhaus, das auf einem provisorischen Friedhof errichtet war, in dem nur zehn Jahre zuvor Tausende von Choleraopfern in flachen Gräbern beigesetzt worden waren.

Es dauerte nur knapp drei Monate, bis sich die Anästhesie in der Medizin weithin durchgesetzt hatte. Die Antisepsis brauchte dazu über dreißig Jahre. Warum? Beide Entdeckungen betrafen gleich gewichtige Probleme; die Infektionsgefahr stellte sogar ein noch größeres Problem dar als der Schmerz. Die beiden Techniken waren zwar noch primitiv, aber äußerst wirksam. Woran mag es nur liegen, daß sie sich in so unterschiedlichem Tempo ausbreiteten?
Mit wissenschaftlichem Verständnis hatte das nichts zu tun. Als die beiden Entdeckungen vorgestellt wurden, konnte keine von ihnen erklärt werden. Heute begreifen wir zwar die Antisepsis, aber wir können noch immer nicht erklären, warum narkotische Gase den Schmerz töten.
Das Problem lag auch nicht in der Weitergabe der Informationen. Die Meldungen über die Antisepsis verbreiteten sich ebenso rasch wie die Nachrichten von der Anästhesie. Listers Technik wurde in sämtlichen westlichen Ländern ausgiebig und heftig diskutiert.
Die Lösung des Rätsels scheint darin zu liegen, daß es der Medizin leichter fällt, sich mit einzelnen zu befassen als mit Gruppen. Die Anästhesie war eine dramatische Angelegenheit, die eine unmittelbar sichtbare Wirkung hervorrief; man konnte sie am Individuum beobachten. Die Antisepsis

dagegen war eine passive, undramatische Sache und noch dazu insofern negativ, als sie nicht eine Wirkung erzielte, sondern vielmehr eine solche verhindern sollte. In den frühen Tagen der Antisepsis war es gang und gäbe, daß ein skeptischer Arzt die umständliche Prozedur der Antisepsis widerwillig an einem oder zwei Patienten ausprobierte, feststellen mußte, daß sich bei diesen trotzdem Infektionen einstellten, und daraus verallgemeinernd schloß, die ganze Sache tauge nichts. Man muß diesen Männern zugute halten, daß die heutige Kenntnis von individuellen und Gruppeneffekten – zum Beispiel der Begriff des »kontrollierten klinischen Versuchs« mitsamt der statistischen Auswertung – tatsächlich neueren Datums ist.

Dennoch wurde die Antisepsis im Prinzip allmählich akzeptiert. Es folgte eine ganze Reihe von Beiträgen zur sterilen Operationstechnik. William S. Halsted, Chirurg an der Universitätsklinik von Johns Hopkins, gebührt das Verdienst, 1898 Gummihandschuhe für Operateure eingeführt zu haben. Um die Jahrhundertwende kamen spezielle Mäntel anstelle der bisherigen Straßenanzüge auf. Gesichtsmasken waren erst Ende der zwanziger Jahre allgemein üblich.

Das letzte wichtige Hilfsmittel stellten die Antibiotika dar. So wurde im Verlauf eines Jahrhunderts die Sterblichkeitsrate bei Frischoperierten, die zur Zeit des amerikanischen Bürgerkriegs noch rund 80 Prozent betrug, durch Listers Methoden auf etwa 45 Prozent gesenkt; in den nachfolgenden Jahren sank sie langsam immer weiter ab, und heute beträgt sie in den meisten Krankenhäusern etwa drei Prozent.

Man sucht nun nach Mitteln und Wegen, die Sterblichkeit auf Null zu senken. In den letzten Jahren wurde das Ritual genau vorgeschriebener Handwaschungen, steriler Kleidung, der Gummihandschuhe und Gesichtsmasken kritisiert. Aus verschiedenen Untersuchungen geht hervor, daß die Haut durch das Waschen nicht sauber wird; das Schrubben lockert nur die Bakterien an den Händen und macht sie mobiler. Es wurde ferner festgestellt, daß ein Viertel aller Handschuhe Löcher aufweisen; daß die modernen Arztkittel für Bakterien durchlässig sind, besonders dann, wenn die Kittel feucht werden, was im Verlauf einer Operation immer wieder vorkommt; daß die Türen der Operationssäle die Bakterien nicht abhalten und ihre Ausbreitung nicht verhindern, sondern vielmehr als Sammelplätze für alle Arten von Keimen dienen. Die Untersuchungsergebnisse sind noch so widersprüchlich, daß sich kein klares Bild erkennen läßt, aber es muß damit gerechnet werden, daß dieses Ritual in kommenden Jahren einschneidenden Veränderungen unterworfen wird. Die Chirurgen selbst stehen diesen Untersuchungen fast gleichgültig gegenüber, hauptsächlich deshalb, weil die postoperative Infektion kein brennendes Problem mehr darstellt. Die häufigste unmittelbare Todesursache bei Frischoperierten liegt nicht in der Operation selbst, sondern in der Anästhesie.

Man fragt sich unwillkürlich, warum das nicht immer so gewesen ist, insbesondere dann, wenn man die frühen Narkosemethoden betrachtet, als noch mit Hilfe eines kegelförmigen Schwämmchens Äther gegeben wurde. Dr. J. C. Warren erinnert sich an die Zeit des amerikanischen Bürgerkrieges:

Diese Männer, von denen viele dem Kampf ebenso ergeben waren wie dem reichlichen Alkoholgenuß, waren schlechte Objekte für eine Äthernarkose. Ich erinnere mich noch lebhaft an meine Versuche als Jungarzt im Krankenhaus (1865–1866), diese Patienten mittels Äther zu betäuben. Die Äthernarkose stellte damals keine Kleinigkeit dar; die Prozedur entsprach häufig mehr dem Gerangel auf einem Rugbyfeld als der feierlichen Würde, die am Operationstisch herrschen sollte. Eine Vorbehandlung hielt man für überflüssig. Bestenfalls wurde für einige Zeit vor der Narkose keine Nahrung mehr verabreicht. Die Patienten kamen so, wie sie waren, in den Operationssaal und hatten eben das Risiko auf sich zu nehmen. Für gewöhnlich wurden sie, auf einem Stühlchen sitzend, am oberen Ende der Treppe zum Operations-Amphitheater narkotisiert, weil es damals für diesen Zweck noch keinen eigenen Raum gab. Daraufhin kam es häufig zu einem Handgemenge, ich wurde gegen das Geländer gedrängt, und nur eine dünne Stange bewahrte mich davor, drei Teppen tief hinabzustürzen. Aber so kräftig der Patient auch sein mochte, der Mann mit dem Schwamm obsiegte immer; das keuchende Opfer wurde sodann vom Jungarzt und einem Wärter triumphierend in die Arena hinuntergetragen.

Die Methode der Ätherisierung war zwar primitiv, aber nicht sonderlich gefährlich. Eine Tiefnarkose war nur schwer zu erreichen, und man »begegnete normalerweise keinen ernsten Komplikationen«, wie Dr. Warren berichtet.

In gewissem Sinne hat sich die Chirurgie im Kreise bewegt: Am Anfang eröffnete die Anästhesie neue Horizonte, bis sie schließlich zu einer ernsten Gefahr wurde. Diese Art ironischer Kehrtwendung findet man häufig in der Medizin.

Ein klassisches Beispiel für die Entwicklung im Kreise ist die Blinddarmentzündung. Es handelt sich dabei um eine uralte Krankheit. Schon bei ägyptischen Mumien stellte man akute Blinddarmentzündung als Todesursache fest. Aber exakt beschrieben wurde sie erst im Jahre 1886. Während des größten Teils des neunzehnten Jahrhunderts kannten die Chirurgen sehr wohl Krankheiten, die im rechten unteren Teil des Leibes

Schmerzen und Eiterungen hervorriefen. Es wurden sogar einige Operationsversuche unternommen, indem man den Abszeß drainierte. Aber die Ergebnisse waren nicht sehr ermutigend. 1874 erklärte der britische Chirurg Sir John Erickson, der Bauch sei »für immer dem Eingriff des weisen und humanen Chirurgen verschlossen.« Das Problem lag nicht in der Schmerzentfaltung – die Anästhesie war inzwischen immerhin schon dreißig Jahre alt. Es ging vielmehr darum, daß man den Grund für die Ansammlung von Eiter in der Bauchhöhle nicht kannte und daß ein chirurgischer Eingriff offenbar keine Erleichterung brachte.

Zwölf Jahre später veröffentlichte Reginald H. Fitz, Pathologe am MGH, der Europa bereist und bei dem berühmten deutschen Pathologen Rudolf Virchow studiert hatte, die Ergebnisse der genauen Beobachtung von 466 Fällen von »Typhlitis« oder »perityphlitischem Abszeß«, wie man den Krankheitsprozeß recht vage nannte. Fitz gelangte zu dem Schluß: Was der Chirurg beim Öffnen der Bauchhöhle antraf, nämlich ausgedehnte Entzündungen der Därme und reichliche Eiterbildung in der Bauchhöhle, müsse die Folge einer ursprünglich kleinen, auf den Wurmfortsatz des Blinddarms beschränkten Entzündung sein. Indem er die »Appendizitis« beschrieb, entdeckte er praktisch eine neue Krankheit.

Aber die Ärzteschaft fand sich nicht ohne weiteres mit der neuen Krankheit ab. Man schloß sich auch nicht der Forderung von Fitz an, die richtige Behandlung bestehe in einer Operation *vor* dem Durchbruch und nicht erst danach. Heutzutage ist die »vorbeugende Operation« Gemeingut, aber zu Lebzeiten von Reginald H. Fitz stellte die Operation im allgemeinen die allerletzte Maßnahme und nicht die erste dar.

Auch nachdem sich die klinische Beschreibung der Appendizitis durch Fitz durchgesetzt hatte, blieb die chirurgische Behandlung immer noch umstritten. In vielen Krankenhäusern betrachtete man die Entfernung des Wurmfortsatzes als eine skurrile Sache von zweifelhaftem Wert.

1897 stellte Harvey Cushing, damals Arzt im Krankenhaus der Johns-Hopkins-Universität (er war zuvor im MGH Zeuge mehrerer Blinddarmoperationen geworden), bei sich selbst eine Blinddarmentzündung fest. Es fiel ihm schwer, seine Kollegen von der Notwendigkeit einer Operation zu überzeugen. Sowohl Halsted als auch Osler rieten davon ab. Am Ende gaben die Chirurgen jedoch nach und erklärten sich zu dem Eingriff bereit. Alles übrige erledigte Cushing selbst: Er lieferte sich ins Krankenhaus ein, nahm die Aufnahmeuntersuchung vor, zeichnete ein Diagramm seiner Untersuchungsergebnisse und legte schriftlich die Behandlung vor und nach der Operation fest. Angeblich hätte er auch die Operation höchstpersönlich vorgenommen, wenn ihm ein gangbarer Weg dazu eingefallen wäre.

Innerhalb der nächsten Jahre wurde die Blinddarmentzündung nicht nur zu einer weitverbreiteten, sondern sogar zu einer »modischen« Krankheit. 1902 wurde König Eduard VII. von England daran operiert. Danach kamen die Diagnose »Appendizitis« und die chirurgische Behandlung dieser Krankheit erst recht in Mode.

Die Entfernung des Wurmfortsatzes stellte einen halbwegs einfachen und ungefährlichen Eingriff dar und ermutigte die Chirurgen zu kühneren Schritten bei der Erforschung der Bauchhöhle. Natürlich blieben Rückschläge nicht aus, aber die Chirurgen hatte eine solche Begeisterung gepackt, daß sie jetzt dazu neigten, fast alle Leibschmerzen operativ zu behandeln. Es wurde zu einer Modeerscheinung, daß sich Damen zusammen mit dem Wurmfortsatz auch gleich Eierstöcke und Eileiter entfernen ließen. Das Ergebnis war die Einsetzung von Kontrollinstanzen in Form von »Gewebekommissionen«, denen Pathologen vorstanden.

Dr. Francis D. Moore sagte einmal: »Fitz war ein Student der Pathologie; er hat den Chirurgen erklärt, sie müßten mehr operieren . . Die Ironie des Schicksals wollte es, daß es schon dreißig Jahre später die Pathologen waren, die der Chirurgie die Bremsen anziehen mußten, weil ihr bei den Blinddarmoperationen die Gäule durchgingen.«

Erinnern wir uns wieder an den Fall O'Connor. Es ist ratsam, in diesem Zusammenhang einige Unterschiede und Mißverständnisse zwischen Chirurgen und Internisten zu beleuchten. Diese beiden Gruppen haben sich nie sonderlich gut verstanden. Aus alter Tradition betrachten sich die Internisten als den Chirurgen geistig überlegen. Sie, die Nachfahren eines Hippokrates, sehen auf die Chirurgen als die Nachfahren der Barbiere und Feldschere herab. Die Chirurgen ihrerseits fühlen sich als Männer der Tat und sehen in den Internisten Zauderer, die sich nicht zum Handeln entschließen wollen oder können.

Sowohl vom Temperament wie auch von der geistigen Einstellung her liegen die beiden Gruppen im Streit miteinander. In der Kantine hört man immer wieder, wie sich Chirurgen und Internisten eines Krankenhauses gegenseitig Vorwürfe wegen der Behandlung von Patienten machen. Die Chirurgen sagen, der Internist säße untätig am Bett des Patienten und sähe zu, wie er stürbe. Die Internisten halten dagegen, daß die Chirurgen alles herausschneiden, was sich nicht wehrt. Meist handelt es sich zwar dabei um harmloses Geplänkel und schwarzen Humor, aber lange Zeit herrschte auch ein echter Konflikt. Dr. Paul S. Russell zitiert einige sehr aufschlußreiche Sätze des Chirurgen Sir Heneage Ogilvie:

Ein Chirurg, der einen schwierigen Fall behandelt, gleicht dem Kapitän einer Hochseejacht. Er weiß zwar, welchen Hafen er ansteuern muß, doch den Verlauf der Reise vermag er nicht vorherzusehen . . . Die Aufgabe des praktischen Arztes ist mehr der eines Golfspielers vergleich-

bar . . . Wenn er die Richtung, den Wind und die Lage des Balles richtig einschätzt, für jeden Schlag den richtigen Schläger wählt und ihn erfolgreich einsetzt, wird er sein Ziel erreichen. Begeht er einen Fehler, so verschlechtert sich zwar sein Punkteergebnis, aber am Ende erreicht er doch sein Ziel. Es wird sich nicht zu seinen Füßen der Boden auftun, und das Golfturnier wird sich nicht plötzlich in einen Stierkampf verwandeln.

Diese Zeilen wurden 1948 geschrieben. Sechshundert Jahre früher nannte der französische Chirurg Henri de Mondeville die Gründe, weshalb er die Chirurgie höher einschätzte als die innere Medizin:

Die Chirurgie steht zweifellos über der Medizin, und zwar aus folgenden Gründen: 1. Die Chirurgie heilt mehr verwickelte Leiden, denen die Medizin hilflos gegenübersteht. 2. Die Chirurgie heilt Krankheiten, die sich durch kein anderes Mittel heilen lassen; nicht aus eigener Kraft, nicht durch die Natur und nicht durch die Medizin. Die Medizin hingegen heilt niemals so offenkundig eine Krankheit, daß man sagen könnte, diese Heilung sei nur ihr zu verdanken. 3. Was die Chirurgie vollbringt, ist sichtbar und offenkundig, während die Medizin im verborgenen wirkt, was für die Ärzte sehr vorteilhaft ist. Begehen sie einen Fehler, so fällt er nicht auf, und töten sie den Patienten, so geschieht das nicht vor aller Augen. Wenn aber dem Chirurgen ein Fehler unterläuft . . . so sehen ihn alle Anwesenden und er läßt sich nicht der Natur oder dem Zustand des Patienten zuschreiben.

Seit Hunderten von Jahren wurden die Chirurgen besser bezahlt als andere Ärzte. Wie alt die Sorge des Chirurgen um sein Honorar ist, wird keinen Internisten überraschen. Schon im Mittelalter beschäftigte sich Mondeville mit dieser Angelegenheit:

Ein Chirurg, der seinen Patienten richtig behandeln will, muß vor allem anderen die Frage des Honorars regeln. Wenn er sich seines Honorars nicht sicher ist, kann er sich nicht auf den Fall konzentrieren. Er wird oberflächlich untersuchen, Ausflüchte und Verzögerungen finden; hat er jedoch sein Honorar empfangen, liegen die Dinge anders . . . Der Chirurg muß sich fünf Dinge vor Augen halten: erstens sein Honorar; zweitens die Vermeidung von Klatsch; drittens die Vorsicht bei der Operation; viertens die Krankheit selbst; fünftens die Verfassung des Kranken. Der Chirurg darf sich nicht vom äußeren Schein trügen lassen. Wenn reiche Leute zum Chirurgen gehen, legen sie ärmliche Kleidung an, oder wenn sie reich gekleidet kommen, erzählen sie allerlei Geschichten, um das Honorar des Chirurgen zu drücken . . . Mir ist noch nie ein Mann begegnet, der reich genug oder vielmehr ehrlich genug war, die versprochene Summe zu bezahlen, wenn er sich nicht dazu gezwungen sah.

Andererseits ist die Operationsfreudigkeit keine uralte Untugend der Chirurgie, sondern eine relativ junge. Sie wurde durch die Entwicklung von Anästhesie und Antisepsis eingeleitet, die beide jünger sind als hundertfünfzig Jahre. Die Zurückhaltung gegenüber Operationen ist noch neueren Datums: eine Folge verläßlicher Kontrollen, die kaum vierzig Jahre alt sind.
Mr. O'Connor befand sich zwei Wochen lang in den Händen der Chirurgen. Er wurde dennoch nicht operiert. Die Hinweise auf ein chirurgisch behandelbares Leiden reichten nicht aus. Daher wurde ihm in der chirurgischen Abteilung eine im wesentlichen internistische Behandlung zuteil. Das ist ein deutlicher Wandel gegenüber den Tagen, da ein Chefarzt der chirurgischen Abteilung am MGH vor seinem Personal den (möglicherweise erfundenen) Ausspruch tat: »Jeder Mensch hat mindestens drei chirurgische Krankheiten. Sie brauchen sie nur zu finden!« Und es ist auch ein deutlicher Wandel gegenüber jenen Tagen, da die Mediziner noch zu Recht behaupten konnten, die Chirurgen könnten kein Elektrokardiogramm lesen – und es interessiere sie auch gar nicht. Vieles weist sogar auf eine Verschmelzung von Chirurgie und innerer Medizin hin. Diese Entwicklung hat sich über Jahrhunderte erstreckt, doch heute arbeiten die Herzspezialisten Hand in Hand mit den Herzchirurgen, die Immunologen mit den Transplantationsexperten, die Tumor-Chemotherapeuten mit den Tumorchirurgen. Man braucht sich nur einmal anzusehen, wie viele Ärzte der chirurgischen Abteilung des MGH Grundlagenforschung auf den Gebieten der Biochemie und Molekularbiologie betrieben haben – dann erkennt man deutlich den Trend.
Bertrand Russell hat einmal gesagt, wir beschrieben die Welt in mathematischen Begriffen, weil wir nicht klug genug seien, sie auf profundere Art zu beschreiben. In ähnlicher Weise sind Chirurgen und Internisten zu der Erkenntnis ihres gemeinsamen Zieles gelangt: der Veränderung des funktionellen Zustands von Körpergeweben. Die Veränderung von Geweben mit Hilfe eines Messers ist jedoch eine ziemlich rüde Methode; die besten Chirurgen zögern immer am längsten, bevor sie operieren.
Damit soll nicht gesagt werden, daß noch zu unseren Lebzeiten das Skalpell zu einem Museumsstück werden könnte. Weit gefehlt! Je mehr sich die Chirurgie von der Tätigkeit des Herausschneidens auf die des Reparierens und Transplantierens verlegt, um so wichtiger wird ihr Platz

in der Medizin werden. Aber der Trend weist auch für die Zukunft mehr auf eine Zusammenarbeit mit den Internisten als auf eine Konkurrenz mit ihnen.
Das dramatische Geschehen im Operationssaal läßt leicht die Tatsache vergessen, daß sich die meisten Fortschritte in der Chirurgie auf die Behandlung vor und nach der Operation beziehen. Die moderne Chirurgie ist ungleich komplizierter als vor einem Jahrhundert, aber diese Kompliziertheit hat mehr mit elektrolytischen Gleichgewichten als mit Nähten zu tun.

Man könnte sagen, daß die Fortschritte der letzten zwanzig Jahre auf dem Gebiet der Chirurgie mehr die Dinge betrafen, die sich außerhalb des Operationssaals abspielen, als die Vorgänge im OP selbst. Paradoxerweise hat das zu einer ungeheuren Breite und Vielfalt der Hilfsdienste für den OP geführt.
Ein Großteil des Krankenhauses dient heute dazu, den dichtgedrängten Stundenplan des Operationssaals mit über 16 000 Eingriffen pro Jahr zu ermöglichen und zu unterstützen. Zwei treffende Beispiele hierfür sind die »Zentrale Versorgung« und die Blutbank.
Die Zentrale Versorgung ist in einem einzigen großen Raum, eine Etage über den Operationssälen, untergebracht. Wie der Name schon sagt, werden hier an zentraler Stelle die Hunderte von sterilen Artikeln für die Operationssäle und die übrigen Abteilungen des Krankenhauses bereitgehalten.
Nur hier wird sterilisiert. Dreiundvierzig Angestellte sorgen dafür, daß dieses Zentrallager rund um die Uhr, sieben Tage in der Woche, voll einsatzbereit ist. Der Etat dieser Abteilung überschreitet 600 000 Dollar im Jahr.
Abgesehen von den eigentlichen Instrumenten hält die Zentrale Versorgung fast 500 verschiedene Artikel bereit. Dazu gehören 44 Arten von Foley-Kathetern, 29 Arten von Drainagen, zehn Sorten Nadeln, 15 Sorten Schwämme und 55 verschiedene »Sets«, das sind fertig verpackte Zusammenstellungen sämtlicher Geräte und Materialien, die für jeweils eine bestimmte Prozedur gebraucht werden: zum Beispiel Sets für Alkohol-Nervenblock, Arterien-Sauerstoff-Sets, Leber-Biopsie-Sets, Nahtmaterial-Sets, Venenblutdruck-Sets. Jedes derartige Set wird ausgegeben, benutzt, zurückgereicht, sterilisiert und neu verpackt und erneut ausgegeben.
Alles in allem gibt die Zentrale Versorgung täglich 12 000 Artikel aus. Das sind fast 4,5 Millionen im Jahr. Das Arbeitsvolumen dieser Abteilung hat in den letzten Jahren erheblich zugenommen. Dafür nur drei Beispiele:

	1966	1968
Verbände	27 000	38 000
Nahtmaterial-Sets	37 000	61 000
Thermometer	485 000	1 208 000

Das sind insofern echte Zahlenwerte, als sie nicht durch die Übernahme von Aufgaben zustande kommen, die zwei Jahre zuvor noch von anderen Abteilungen ausgeführt wurden, sondern eine reine Bedarfssteigerung darstellen.

Es sollte noch erwähnt werden, daß die Zentrale Versorgung nicht alle Artikel führt, die heute von der medizinischen Technik benötigt werden. Außer den zehn Sorten Nadeln, die hier bereitgehalten werden, gibt es noch Nadeln für routinemäßige intramuskuläre oder intravenöse Injektionen. Diese werden in steriler Verpackung gekauft und nach einmaliger Verwendung weggeworfen. Was die Zentrale Versorgung bereithält, sind Spezialnadeln für den Dauergebrauch: für Herzinjektionen, Rückenmarkspunktionen, Brustbeinpunktionen und dergleichen.

Die Frage, ob die Zentrale Versorgung wirklich einen so riesigen Aufgabenbereich bewältigen sollte, ist noch umstritten. Die Kosten aller Dinge, die ein Krankenhaus braucht, sind so erschreckend hochgeschnellt, daß man selbst die einfachsten Details der Patientenpflege einer genauen Überprüfung unterzieht – und dabei plötzlich feststellen muß, daß sie gar nicht so einfach sind. Betrachten wir nur den großen Thermometerstreit.

Thermometer finden seit 1890 klinische Verwendung. Damals waren es hochempfindliche, viertelmeterlange Apparate – heute ist ein Massenartikel daraus geworden, der in der Statistik der Zentralen Versorgung den ersten Platz einnimmt: Sie gibt täglich zwischen 3 000 und 4 000 Thermometer aus. Im MGH werden Thermometer nach einer ganz bestimmten Methode aufbereitet: Die gebrauchten Thermometer kommen in die Zentrale Versorgung zurück und werden dort gewaschen, sterilisiert, in einer Zentrifuge getrocknet und wieder zum Gebrauch verpackt.

Das Krankenhaus ließ erst kürzlich eine Kostenanalyse verschiedener Thermometerverfahren durchführen. Dabei stellte sich heraus, daß der Durchschnittspatient pro Tag 2,5 Temperaturmessungen brauchte – insgesamt 32 während eines durchschnittlichen Krankenhausaufenthalts von 13 Tagen.

Ausgehend von diesen Daten, wurden drei in Frage kommende Verfahren untersucht: das wiederverwendete Thermometer; eine nur einmal verwendete Sonde in Verbindung mit einem tragbaren Meßgerät; das persönliche Thermometer, wobei jeder Patient bei der Aufnahme sein

eigenes Thermometer bekommt und es bis zu seiner Entlassung an seinem Bett behält.
Dabei wurden folgende Kosten pro Jahr ermittelt:

Wiederverwendetes Thermometer	30 113 Dollar
Sonde mit Meßgerät	49 786 Dollar
Persönliches Thermometer	13 250 Dollar

Dieser Vergleich gibt jedoch keinen hinreichenden Aufschluß über die tatsächlichen Verhältnisse. Erstens ist das gegenwärtige Verfahren im MGH unrationell. Es kommen nicht alle ausgegebenen Thermometer zurück. Allein 1968 wandte die Zentrale Versorgung für den Ersatz verlorengegangener Thermometer 30 000 Dollar auf, wodurch sich die Kosten des augenblicklichen Verfahrens praktisch verdoppelten. Zweitens kommen bei der Verwendung von Wegwerfsonden und Meßgeräten erhebliche Anlaufkosten dazu. Jedes dieser Geräte kostet nämlich 190 Dollar. Die Amortisation ist in der obigen Berechnung nicht berücksichtigt. Auch der Zeitaufwand des Pflegepersonals blieb außer acht – im Gegensatz zu den üblichen Thermometern funktionieren diese Meßgeräte praktisch sofort.
Als weiterer erschwerender Faktor kommt hinzu, daß der Gebrauch eines persönlichen Thermometers möglicherweise die Patienten gefährden könnte. Man stelle sich nur folgende Situation vor: Ein Patient mit Tuberkulose wird in ein anderes Zimmer verlegt, ein anderer nimmt sein Bett ein, das Thermometer bleibt versehentlich zurück und wird dem nichts ahnenden Neuzugang in den Mund geschoben. Dieses Beispiel mag weit hergeholt klingen, aber jedes neue Verfahren muß nun einmal sehr streng auf seine Zuverlässigkeit hin überprüft werden.
Langer Rede kurzer Sinn: Es fällt schwer, zu sagen, auf welche Weise man die Temperatur der Patienten am besten, am sichersten und am billigsten mißt. Dabei handelt es sich hier noch um einen vergleichsweise simplen Vorgang. Die Probleme der Kostenermittlung werden vervielfacht, wenn man sich an eine radiologische Abteilung oder ein chemisches Labor heranwagt. Berücksichtigt man noch die Unsicherheitsfaktoren, die in den verschiedenen Methoden der Buchführung liegen, sowie die ungeklärte Frage der Zuverlässigkeit unterschiedlicher Verfahren, so wird es außerordentlich schwierig zu entscheiden, welche Kosten gerechtfertigt sind und welche nicht.
Die Kontroverse ist noch in vollem Gange, aber letztlich sind die Kostenvorteile doch zu groß und die Gefahr für den Patienten zu gering, um auf die Einführung des persönlichen Thermometers verzichten zu können. Die Umstellung auf dieses Verfahren würde für das Kranken-

haus lediglich die Einsparung von fünf Hundertstel eines Prozentes vom Jahresbudget bedeuten. Aber es leuchtet ein, daß ganze Serien solcher minimalen Einsparungen schließlich doch die Gesamtkosten beeinflussen könnten.
Die Blutbank ist eine weitere sehr kostspielige Einrichtung. Das MGH dürfte über die derzeit größte krankenhauseigene Blutbank und Transfusionsstation der Welt verfügen. Sie ist in zwei Stockwerken des »Gray-Gebäudes« untergebracht und liefert ein Fünftel des im gesamten Bundesstaat Massachusetts verwendeten Spenderblutes. Den größten Teil dieses Blutes bekommen Frischoperierte, unter denen wiederum ein großer Teil auf Operationen am offenen Herzen entfällt. Zeitweise verbraucht die Herzchirurgie bis zu einem Drittel der gesamten Blutmenge. Dieser Massenverbrauch ist größtenteils auf den Einsatz von Herz-Lungen-Maschinen zurückzuführen, die zur Füllung der Pumpen großer Mengen von Blut bedürfen.
Der Umfang der Blutbank steht zwar in engem Zusammenhang mit dem wachsenden Bedarf der Herzchirurgie, aber ihre Entwicklung zur heutigen Größe setzte bereits vor den ersten Operationen am offenen Herzen ein. Die Blutbank des MGH wurde 1942 unter Aufsicht von Dr. Lamar Soutter eingerichtet. Das Krankenhaus stand der Frage, ob so etwas überhaupt notwendig ist, skeptisch gegenüber; es stellte Geräte im Wert von 5 000 Dollar und einen Kellerraum zur Verfügung. Soutter erinnert sich: »Anfangs ging alles schief, doch die Mühe lohnte sich schon nach unerwartet kurzer Zeit. Im November 1942 wurde das Krankenhaus mit den Opfern der Brandkatastrophe von Cocoanut Grove förmlich überschwemmt. Die Blutbank verfügte über reichlich Plasma, um alle Patienten angemessen versorgen zu können. Diese eine Episode fegte auch den letzten Rest von Opposition hinweg. Von da an galt die Blutbank als notwendiger Bestandteil des Krankenhauses.«
Die Blutbank war niemals ein Zuschußbetrieb, obgleich ihr Budget von 5 000 Dollar im Jahre 1942 über 144 000 Dollar im Jahre 1951 auf inzwischen über eine Million jährlich angewachsen ist. 1942 bestand das Personal aus einer Krankenschwester, einem Techniker, einer stundenweise tätigen Putzfrau und einen Arzt, der sich nebenberuflich um die Blutbank kümmerte; zur Zeit sind in dieser Abteilung über hundert Techniker, Schwestern und Büroangestellte tätig.

Ein Organ wird als Ansammlung spezialisierter Zellen definiert, die eine bestimmte Funktion ausüben. Nach dieser Definition ist auch das Blut ein Organ, das man sich zumeist nicht als solches vorstellt.
Im Anfangsstadium des Embryo entwickelt sich das Blut aus demselben Gewebe, aus dem auch Gefäße, Bindegewebe und Knochen entstehen. So

läßt sich leichter begreifen, warum Blut beispielsweise im Knochenmark gebildet wird.
Der erwachsene Mensch verfügt über etwa fünf Liter Blut, die sieben Prozent seines Körpergewichts ausmachen. Vom Gewicht her ist das Blut somit ein Organ von ansehnlicher Größe – wesentlich größer als die Lungen (ein Prozent) oder die Leber (zwei Prozent). Entsprechend komplex sind auch die Aufgaben, die das Blut zu bewältigen hat, angefangen beim Transport von Sauerstoff und Nährstoffen bis hin zur Verteidigung des Körpers gegen Infektionen.
Wenn das Blut ein Organ ist, dann stellt eine Bluttransfusion eine Organtransplantation dar. Das ist kein müßiger Vergleich, denn bei der Bluttransfusion begegnete man erstmals so ziemlich allen Problemen der modernen Organtransplantation und mußte sie lösen. Uns ist die moderne Transfusion heute so vertraut, daß wir allzuleicht vergessen, worum es sich dabei tatsächlich handelt: um ein Geschenk lebender Zellen, die vom Spender auf den Empfänger übertragen werden.
Niemand weiß, wann die erste Blutübertragung durchgeführt wurde, aber es ist sicher schon sehr lange her. Im Altertum schätzte man die Kraft des Blutes nämlich sehr hoch ein. Aus den ersten Berichten ist allerdings nicht klar ersichtlich, ob das Blut übertragen oder getrunken wurde, da man beide Methoden für nützlich hielt. Aus dem alten Rom berichtet Celsus, daß man Epilepsie durch einen Trunk warmen Blutes aus der durchschnittenen Kehle eines Gladiators behandelte. Das Reitervolk der Mongolen ernährte sich häufig von Pferdeblut.
Auch die Kenntnis der intravenösen Injektion ist sehr alt. Ovid berichtet, daß Jason von Medea eine Injektion von »succis« (Säften) in die Halsvene bekam.
Hinter dem frühen Interesse an der Transfusion stand die logische Vorstellung, daß man eine mit Blutverlust verbundene Krankheit am besten durch Ersatz des fehlenden Blutes behandelte. Die dazu verwendeten Gerätschaften waren sehr primitiv: Nadeln aus Federkielen und Knochen, Schläuche aus Harnblasen oder Leder. In vielen Fällen wurde Tierblut auf Menschen übertragen, häufig vermischt mit Samen, Urin und anderen Substanzen, die man als kräftigend ansah.
Es ist kaum überraschend, daß die Patienten eine solche Prozedur häufig nicht überlebten. Auch die Spender starben oft. Ein Fall wurde berühmt: Im Jahre 1492 erhielt Papst Innozenz VIII. das Blut dreier Knaben. Sowohl die Spender als auch der Empfänger verstarben innerhalb weniger Tage.
Als im achtzehnten Jahrhundert mit besserem Material und sorgfältigeren Methoden gearbeitet wurde, stellte sich heraus, daß die Blutübertragung bei bestimmten Patienten gelang, bei anderen hingegen nicht.

Allmählich kristallisierte sich der Begriff »Übertragungsreaktion« heraus, der dann im Jahre 1901 in Karl Landsteiners Entdeckung der Blutgruppen A, B und 0 gipfelte. Damit wurde erstmals unmißverständlich klargestellt, daß nicht jedes Blut gleich ist. Nach Landsteiners Entdeckung existierte noch zehn Jahre lang keine brauchbare klinische Methode zur Unterscheidung der Blutgruppen. Die Suche nach einer geeigneten Technik auf diesem Sektor ist die unmittelbare Vorläuferin der modernen Gewebeuntersuchungen bei der Transplantation anderer Organe.
Aber das Problem bestand nicht nur darin, den richtigen Spender für einen Empfänger zu finden, auch die Aufbewahrung des Organs Blut war schwierig. Ohne Behandlung gerinnt Blut schon bald nach der Entnahme. Erst 1916 war man imstande, Blut in Flaschen gekühlt und unter Zusatz gerinnungshemmender Substanzen zwei Wochen lang aufzubewahren. Weitere zwanzig Jahre sollten vergehen, bevor in den Vereinigten Staaten in größerem Umfang Blut in eigens dafür eingerichteten Banken bereitgehalten wurde.
Die Technik der Lagerung erfuhr erst 1952 eine entscheidende Verbesserung, als man entdeckte, daß Plastikbeutel die Blutelemente erheblich besser konservierten als Glasflaschen.
Erst seit kurzem beherrscht man die Konservierung von Blut durch Tiefkühlung. Dadurch wurden mehrere alte Probleme der Blutaufbewahrung gleichzeitig gelöst. Heute werden im MGH die meisten Herzoperationen mit Hilfe von Tiefkühlblut durchgeführt. Dr. Charles Huggins, Chirurg am MGH, war einer der Pioniere, die gefrorenes Blut für den klinischen Gebrauch zugänglich machten.
Früher mußte Blut innerhalb von drei Wochen verbraucht werden. Heute kann man es bei einer Temperatur von minus 85 Grad Celsius fünf Jahre oder länger aufbewahren. Früher konnten die Patienten nur ihre eigene Blutgruppe bekommen. Jetzt werden durch den Prozeß des Einfrierens und Auftauens die Antikörper aus dem Serum ausgewaschen. Das bedeutet, daß Gefrierblut vom Typ 0 auf Patienten jeglicher Blutgruppen übertragen werden kann. Die Blutbank braucht daher nicht mehr so viele verschiedene Blutsorten vorrätig zu haben.
Auch deutet einiges darauf hin, daß die Gefahr einer Leberentzündung, einst ein Hauptproblem der Übertragung, bei der Verwendung von Tiefkühlblut verringert wird.
Tiefgekühltes Blut weist natürlich auch einige Nachteile auf. Es ist derzeit noch teuer. Ferner gehen gewisse Bestandteile, insbesondere die für die Gerinnung wichtigen Blutplättchen, verloren und müssen gesondert zugeführt werden. Aber auch hierfür gibt es einfache Methoden.
Trotz allem werden an die moderne Blutbank immer höhere Anforderun-

gen gestellt. 1942 stellte die Blutbank nur zwei Produkte zur Verfügung: Vollblut und Blutplasma, also die reine Blutflüssigkeit ohne Zellen. Heute ist es möglich, Vollblut oder konzentrierte Zellen ohne Plasma oder Blutplättchen zu übertragen; man kann Plasma oder nur das Protein des Plasmas oder auch nur bestimmte Teile des Gesamtproteins für sich allein geben. Jedes einzelne dieser spezialisierten Produkte einer Blutbank wird für die heutige Medizin von Tag zu Tag wichtiger.

Welche Auswirkungen hatte all das auf die Chirurgie? Sie ist wissenschaftlicher, komplexer geworden. Damit ging ihr ein Teil des Dramatischen, des Flairs, an das sich Warren noch erinnert, verloren, oder es wurde zumindest so überlagert, daß es kaum noch erkennbar ist.

Am Samstagmorgen wird für die Studenten ein chirurgisches Klinikum abgehalten. Der Patient wird ihnen vor der Operation vorgestellt. Daraufhin können sie von mehreren Galerien aus den Verlauf der Operation beobachten. Diese Übung ist das letzte Überbleibsel eines chirurgischen Spektakulums mit stolzer Tradition.

Dr. E. D. Churchill, einst Chef der chirurgischen Abteilung des MGH, berichtet:

Die Vorführung von Operationen am Samstagmorgen im Krankenhaus wurde bis in die zwanziger Jahre hinein fortgesetzt. Dafür sammelte man außergewöhnliche Fälle, damit die leitenden Chirurgen im »Amphitheater« eine eindrucksvolle Vorstellung geben konnten. Die beiden Abteilungen Ost und West wetteiferten miteinander um die beste Schau. In der 1900 eröffneten Chirurgie erreichte die Vorführung ihren Höhepunkt. Wenn die Liste der vorgesehenen Fälle besonders lang war, wurde die Operation in einem kleinen Nebenraum begonnen; dann zog die ganze Gruppe wie ein Zigeunerstamm in den Vorlesungssaal ein, wo den Zuschauern die entscheidenden Phasen der Operation gezeigt wurden. Den Chirurgen standen dafür beispielsweise fünfzehn Minuten zur Verfügung. War die Operation nach Ablauf dieser Frist noch nicht abgeschlossen, mußten sie ihre Zelte abbrechen, die Bühne verlassen und die Operation an anderer Stelle fortführen. Die nächste Szene rollte ab ... Man legte großen Wert auf Schnelligkeit und Wagemut des Operateurs ... Die Spannung stieg, wenn sich so eine Primadonna nicht aus dem Rampenlicht zurückziehen wollte und die zugeteilte Zeit überzog, um das Publikum mit Zugaben chirurgischer Geschicklichkeit zu faszinieren ...

Seitdem hat das Können der Chirurgen ständig zugenommen, bis ein Punkt erreicht wurde, an dem die Wiederherstellung einer fast völlig abgetrennten Hand zwar nicht gerade ein alltägliches Ereignis darstellt,

aber doch immerhin etwas, worüber man sich nicht mehr sonderlich aufregt.
Wenn ein Chirurg im Zeitalter des Fernsehens mehr Wert auf Äußerlichkeiten legt, als wissenschaftlich nötig ist, wenn er sich dramatischer gibt, als vom medizinischen Standpunkt aus angezeigt, so ist das entschuldbar: Er setzt nur die Tradition seines Berufsstandes fort und stellt in einem tieferen Sinne sich selbst dar.

Sylvia Thompson

Wandlung der Medizin

Flug 404 von Los Angeles nach Boston befand sich irgendwo über dem östlichen Teil des Bundesstaates Ohio, als Mrs. Sylvia Thompson, sechsundfünfzig, Mutter von drei Kindern, Schmerzen in der Brust verspürte.

Die Schmerzen waren zwar nicht stark, aber hartnäckig. Nach der Landung erkundigte sie sich bei einem Flughafenangestellten, ob ein Arzt in der Nähe sei. Sie wurde an die medizinische Station des Flughafens Logan in der Nähe von Ausgang 23, drüben bei den Flugsteigen für die Linien aus dem Osten, verwiesen.

Mrs. Thompson betrat den Warteraum und erklärte einer Sekretärin, sie möchte gern einen Arzt sprechen.

»Sind Sie Fluggast?« fragte die Sekretärin.

»Ja«, antwortete Mrs. Thompson.

»Welche Beschwerden haben Sie?«

»Schmerzen in der Brust.«

»Bitte, nehmen Sie Platz, der Herr Doktor wird gleich frei sein.«

Mrs. Thompson setzte sich. Von ihrem Platz aus überblickte sie den ganzen Vorraum bis zu der Computerkonsole hinter dem Stuhl der Sekretärin. Weiter hinten lag die kleine Apotheke der Station. Sie sah drei der sechs Krankenschwestern, die hier vierundzwanzig Stunden am Tag Dienst tun. Jetzt, um vierzehn Uhr, war es einigermaßen ruhig. Am Vormittag hatten sich ein halbes Dutzend Leute gegen Gelbfieber impfen lassen. Diese Impfungen werden jeden Dienstag- und Samstagvormittag durchgeführt. Außer ihr war nur noch ein anderer Patient da: ein junger Flugzeugmechaniker, der sich am Finger verletzt hatte. Seine Wunde wurde im Behandlungsraum ein paar Türen weiter gereinigt und verbunden.

Eine Krankenschwester maß bei Mrs. Thompson Blutdruck, Puls und Temperatur. Sie schrieb die Daten auf einen Zettel.

Die von Mrs. Thompson aus nächste Tür war geschlossen. Von drinnen hörte sie gedämpfte Stimmen. Nach einigen Minuten kam eine Stewardeß heraus und schloß die Tür wieder hinter sich. Die Stewardeß vereinbarte mit der Arzthelferin ihren nächsten Termin und ging.

Die Sekretärin wandte sich an Mrs. Thompson. »Der Herr Doktor ist jetzt frei für Sie«, sagte sie und führte Mrs. Thompson in das Zimmer, das die Stewardeß gerade verlassen hatte.

Es war hübsch mit Gardinen und Teppich eingerichtet. Der Untersuchungstisch und ein Stuhl standen einem Fernsehschrank gegenüber. Unter dem Schirm war die ferngesteuerte TV-Kamera untergebracht. In einer Ecke stand eine Handkamera, die auf einem fahrbaren Stativ befestigt war. In einer anderen Ecke, in der Nähe des Untersuchungstisches, befand sich eine breite Instrumentenkonsole mit vielen Geräten und Zifferblättern.

»Sie sprechen jetzt mit Dr. Murphy«, sagte die Sekretärin.

Eine Krankenschwester trat ein und führte Mrs. Thompson zu dem Stuhl. Die Patientin sah sich ein wenig unsicher um. Auf dem Schirm erblickte sie Dr. Raymond Murphy, der auf seinem Schreibtisch einige Papiere ordnete.

»Dr. Murphy«, sagte die Schwester.

Dr. Murphy hob den Kopf. Die Fernsehkamera unterhalb des Schirms gab ein mahlendes Geräusch von sich, schwang herum und richtete sich auf die Krankenschwester.

»Ja?«

»Das hier ist Mrs. Thompson aus Los Angeles, ein Fluggast, sechsundfünfzig Jahre alt. Sie klagt über Schmerzen in der Brust. Ihr Blutdruck ist 120 zu 80, ihr Puls 78, ihre Temperatur 38,6 Grad.«

Dr. Murphy nickte. Er begrüßte Mrs. Thompson.

Mrs. Thompson war leicht verwirrt. Sie wandte sich fragend an die Schwester. »Was habe ich jetzt zu tun?«

»Reden Sie einfach mit ihm. Er kann Sie über diese Kamera hier sehen und über das Mikrofon dort hören.« Sie deutete auf ein Mikrofon, das von der Decke herabhing.

»Aber – wo ist er denn?«

»Ich sitze im Massachusetts General Hospital«, antwortete Dr. Murphy. »Wann sind diese Schmerzen aufgetreten?«

»Heute, vor ungefähr zwei Stunden.«

»Während des Fluges?«

»Ja«

»Was taten Sie gerade, als die Schmerzen einsetzten?«

»Ich war beim Mittagessen. Seitdem haben die Schmerzen nicht mehr nachgelassen.«

»Können Sie sie näher beschreiben?«

»Es ist kein heftiger Schmerz, aber stechend – in der linken Seite der Brust. Genau hier.« Sie zeigte auf die Stelle. Sie hielt inne und warf der Schwester wieder einen hilfesuchenden Blick zu.

»Ich verstehe«, sagte der Arzt. »Wandern die Schmerzen? Verlagern sie sich in irgend eine Richtung?«

»Nein.«

»Haben Sie auch Schmerzen im Leib, in den Zähnen, in einem Ihrer Arme?«
»Nein.«
»Wird dieser Schmerz bei bestimmten Gelegenheiten schlimmer oder besser?«
»Wenn ich tief Luft hole, wird es schlimmer.«
»Hatten Sie das früher schon einmal?«
»Nein. Es tritt zum erstenmal auf.«
»Hatten Sie jemals zuvor Beschwerden mit Herz oder Lungen?«
Sie verneinte. Das Gespräch dauerte noch einige Minuten. Dr. Murphy gelangte zu dem Schluß, daß keine auffallenden Symptome für ein Herzleiden vorlagen, erfuhr, daß sie eine Packung Zigaretten pro Tag rauchte und an einem chronischen trockenen Husten litt.
Dann sagte er: »Setzen Sie sich bitte auf die Couch. Die Schwester wird Ihnen beim Entkleiden helfen.«
Mrs. Thompson stand auf und setzte sich auf den Rand der Couch. Die ferngelenkte Kamera folgte ihr automatisch. Die Schwester half Mrs. Thompson beim Ausziehen. Dann bat Dr. Murphy: »Würden Sie mir einmal genau zeigen, wo der Schmerz sitzt?«
Mrs. Thompson zeigte links unten auf ihren Brustkorb und machte mit dem Finger eine bogenförmige Bewegung entlang den Rippen.
»Gut. Ich werde jetzt Herz und Lungen abhorchen.«
Die Schwester trat an die breite Instrumentenkonsole und legte einige Schalter um. Dann berührte sie mit einem kleinen, runden, metallenen Stethoskop Mrs. Thompsons Brust. Auf dem Bildschirm sah Mrs. Thompson, wie der Arzt sich ein Stethoskop in die Ohren schob.
»Atmen Sie ganz ruhig durch den Mund«, sagte er.
Einige Minuten lang lauschte er den Atemgeräuschen und wies die Schwester an, wohin sie das Stethoskop zu halten hatte. Dann bat er Mrs. Thompson, immer wieder »neunundneunzig« zu sagen, während das Stethoskop bewegt wurde. Schließlich gelangte er zu den Herztönen.
»Jetzt legen Sie sich bitte hin«, sagte Dr. Murphy und ließ das Stethoskop entfernen. »Schwester, richten Sie das Objektiv auf Mrs. Thompsons Gesicht. Nehmen Sie ein Tele.«
»Elfhundert?« fragte die Schwester.
»Elfhundert ist genau richtig.«
Die Schwester rollte die fahrbare Kamera herbei und stellte sie auf Mrs. Thompsons Gesicht ein. Unterdessen richtete Dr. Murphy die von ihm gesteuerte Kamera auf ihren Unterleib.
»Mrs. Thompson«, erklärte er, »ich werde jetzt, während die Schwester Ihren Leib abtastet, sowohl Ihr Gesicht als auch die betroffene Stelle beobachten. Bitte, entspannen Sie sich.«

Nach seiner Anweisung tastete die Schwester verschiedene Bereiche des Bauches ab. Keine Stelle war druckempfindlich.
»Ich möchte mir gern die Füße ansehen«, sagte der Arzt. Mit Hilfe der Schwester suchte er nach Ödemen. Danach sah er sich die Nackenvenen an.
»Mrs. Thompson, wir werden jetzt ein Kardiogramm aufnehmen.«
Die Drähte wurden an der Patientin befestigt. Sie sah auf dem Bildschirm, wie sich Dr. Murphy zur Seite wandte und einen Papierstreifen ansah.
»Das Kardiogramm wird direkt zu ihm übertragen«, erklärte die Schwester.
»Du meine Güte«, stieß Mrs. Thompson hervor. »Wie weit von uns entfernt sitzt er eigentlich?«
»Vier Kilometer«, antwortete Dr. Murphy, ohne vom Kardiogramm aufzusehen.

Während die Untersuchung ihren Fortgang nahm, bereitete eine andere Krankenschwester im Labor Blut- und Urinproben von Mrs. Thompson vor. Sie stellte die Proben unter ein Mikroskop, das mit einer Fernsehkamera verbunden war. Auf dem Monitor konnte sie das Bild kontrollieren, das zu Dr. Murphy weitergeleitet wurde. Auch sie hatte direkte Sprechverbindung mit ihm und konnte das Präparat nach seinen Anweisungen hin und her bewegen.
Die Auszählung der weißen Blutkörperchen ergab 18 000. Dr. Murphy konnte deutlich eine Vermehrung der verschiedenen weißen Zellen erkennen. Er sah außerdem, daß der Urin rein war und keine Anzeichen von Infektion aufwies.
Dr. Murphy schaltete sich wieder in den Untersuchungsraum ein und sagte zu Mrs. Thompson: »Es sieht ganz nach einer Lungenentzündung aus. Wir möchten Sie bitten, für die Röntgenaufnahmen und zur weiteren Untersuchung ins Krankenhaus zu kommen. Ich werde Ihnen jetzt etwas verschreiben, damit Sie sich ein wenig wohler fühlen.«
Die Krankenschwester stellte nach seinen Anweisungen ein Rezept aus und trug es hinüber zum Fernschreiber über der Konsole. Über diesen speziellen Fernschreiber unterzeichnete Dr. Murphy das Rezept.
Später sagte Mrs. Thompson: »Na, so was, das war beinahe wie echt!«
Als die Patientin gegangen war, sprach Dr. Murphy über ihren Fall und die Fernuntersuchung.
»Wir halten das für ein sehr interessantes System mit großen Möglichkeiten. Bemerkenswert daran ist ferner, daß es von den Patienten so günstig aufgenommen wird. Mrs. Thompson zögerte zunächst ein wenig, gewöhnte sich dann aber sehr rasch daran. Dafür gibt es einen Grund: Ein Gespräch über ein internes, geschlossenes Fernsehsystem unterscheidet

sich wirklich kaum von einem persönlichen Gespräch. Ich kann Ihren Gesichtsausdruck sehen, Sie den meinen. Wir können uns ganz natürlich miteinander unterhalten. Es stimmt zwar, daß wir beide nur in Schwarz-Weiß und nicht in Farbe erscheinen, aber das spielt keine große Rolle, nicht einmal bei dermatologischen Diagnosen. Man sollte meinen, daß die Farbe bei der Untersuchung eines Hautausschlags ungeheuer wichtig sei, aber das stimmt nicht. Der Bericht des Patienten, die Verteilung der Schädigungen am Körper und ihre Form geben uns wichtige Hinweise. Wir haben mit der Diagnose von Ausschlägen in Schwarzweiß schon gute Erfolge erzielt, müssen uns aber mit diesem Gebiet noch eingehender befassen.«

»Wir verfügen hier über ein ziemlich raffiniertes System, das uns in die Lage versetzt, mit Hilfe verschiedener Linsen und Beleuchtungen alle Körperstellen genau zu betrachten. Wir können in den Hals hineinschauen und nahe genug herangehen, um Veränderungen in der Pupille zu erkennen. Wir können mit Leichtigkeit die Äderchen im Weißen des Auges ausmachen. Damit reicht das System für die meisten Zwecke aus.«

»Natürlich hat es auch seine Grenzen. Man muß der Krankenschwester jeden Handgriff erklären. Es erfordert Zeit, für bestimmte Beobachtungen den Patienten, die Kameras und die Beleuchtung einzurichten. Bei manchen Prozeduren wie dem Abtasten des Bauches ist man sehr von der Schwester abhängig, obgleich wir natürlich auf Muskelverkrampfungen und Veränderungen des Gesichtsausdrucks oder dergleichen als Reaktion auf Schmerzen achten können.«

»Wir behaupten keineswegs, daß unser System vollkommen ist. Aber es bietet eine interessante Möglichkeit, dort einen Arzt anzubieten, wo sonst möglicherweise keiner zur Verfügung steht.«

Der Logan-Flughafen von Boston nimmt, gemessen an der Fluggastfrequenz, den achten Platz in der Weltrangliste ein. Abgesehen von dem ununterbrochenen Strom der Fluggäste gibt es hier allein über 5 000 Menschen, die auf dem Flughafen arbeiten. Die ärztliche Versorgung dieser Personengruppe bedeutete jahrelang ein schwieriges Problem. Hier war es wie in so vielen anderen Fällen auch: Einerseits war die Gruppe zu groß, um sie unversorgt zu lassen, andererseits aber zu klein für einen eigenen Flughafenarzt. Es ist für einen Arzt auch nicht einfach, immer zwischen Krankenhaus und Flughafen hin und her zu pendeln. Die Entfernung beträgt zwar nur etwas über vier Kilometer, aber zu Zeiten des Stoßverkehrs ist der Flughafen oft praktisch unerreichbar.

Dr. Kenneth T. Bird, der verantwortliche Arzt, hat das Problem so gelöst, daß er in den Stunden des Hauptbetriebs einen Arzt für den Flugplatz abstellt und zusätzlich die ärztliche Versorgung über das interne

Fernsehnetz anbietet. Das zur Zeit unter der Bezeichnung »Tele-Diagnose« laufende System stellt, wie ganz offen zugegeben wird, ein Experiment dar. Es ist seit etwas über einem Jahr in Betrieb. Augenblicklich werden täglich acht bis zehn Patienten über Fernsehen befragt und untersucht.

Das TV-System des Logan-Flughafens ist wahrscheinlich das erste seiner Art in den USA, aber davon will Bird nichts wissen. »Der erste war Tom Swift im Jahre 1914«, erklärt er dazu.

Sicherlich hat die Einrichtung der Station etwas von Science-fiction an sich; neben den Geräten für die Tele-Diagnose gibt es auch einen Anschluß an den Computer des Krankenhauses. Unter anderem ist dieser Computer in der Lage, eine vorläufige Krankengeschichte aufzuzeichnen und statt eines Arztes den Patienten nach den Symptomen zu befragen. Etwa 15 Prozent der über Tele-Diagnose untersuchten Patienten übermitteln ihre Krankengeschichte an den Computer, ehe sie den Arzt selbst zu Gesicht bekommen. Die Krankengeschichte aus dem Computer kann – genau wie das Elektrokardiogramm – unmittelbar an den Arzt weitergeleitet werden.

Die Befragung durch eine Maschine ist weniger abwegig, als das zunächst klingt. Es ist im Gegenteil bemerkenswert, wie rasch sich die Patienten an den Umgang mit der Elektronik gewöhnen. Am häufigsten wird noch über Langeweile geklagt. Der Apparat legt zwischen den einzelnen Fragen manchmal Pausen von drei bis vier Sekunden ein, und der Patient wird unruhig.

Der Befragte nimmt vor der Fernsehkonsole Platz. Der Computer stellt darauf die Fragen, die als Schrift auf dem Schirm erscheinen, und der Patient drückt für die Antworten entsprechende Knöpfe. Wenn der Computer auf eine Frage ein »Ja« bekommt, stellt er weitere Fragen zum selben Themenkomplex. Erhält er ein »Nein«, geht er zum nächsten Punkt über. Zum Abschluß der Befragung druckt der Computer einen zusammenfassenden Befund aus. Im Gegensatz zu den Fragen ist dieser Befund in medizinischer Terminologie gehalten. Der gesamte Vorgang dauert ungefähr eine halbe Stunde.

Das Ergebnis einer solchen Befragung ist hier teilweise wiedergegeben. Dem Computer wurden dieselben Beschwerden wie bei Mrs. Thompson eingespeist: Schmerzen in der Brust. Um die Maschine irrezuführen, wurde ihr zunächst eine falsche, auf die Beschwerden abgestimmte Information eingegeben: In der Familie des Patienten seien Fälle von Erkrankungen der Herzkranzgefäße vorgekommen, und der Patient selbst habe schon Digitalis eingenommen. Bei späteren Fragen wurde dem Gerät jedoch die echte Vorgeschichte der bei Medizinstudenten am weitesten verbreiteten Form von derartigen Schmerzen eingespeist –

nämlich Schmerzen, die ihren Ursprung in der Psyche oder in der Muskulatur bzw. im Knochenskelett haben.
Hier ein Beispiel der Fragen und Antworten:

```
68  HAT SICH IHRE STIMME VERAENDERT (IST
SIE RAUH, KRATZIG ODER HEISER GEWORDEN),
UND ZWAR IM LETZTEN JAHR?
 9  NEIN
69  HABEN SIE EINEN HUSTEN?
 8  JA
70  SEIT WANN HUSTEN SIE?
1.  SEIT EINIGEN TAGEN
2.  SEIT EINIGEN WOCHEN
3.  SEIT MEHREREN MONATEN
4.  SEIT EINIGEN JAHREN
3
67  HUSTEN SIE TAEGLICH?
 8  JA
71  HUSTEN SIE ETWAS AUS (SPUCKE, SCHLEIM
ODER DERGL.)?
 9  NEIN
74  HABEN SIE SCHON BLUT GEHUSTET?
 9  NEIN
```

Nach Abschluß dieser und ähnlicher Fragen druckte der Computer den folgenden Befund aus:

```
MEDIZINISCHER BEFUND          DATUM: 27. MAI 1969
NAME: MICHAEL CRICHTON        REG. NR.: DEMO
ALTER: 26                     GESCHL.: MAENNL.
HAUPTBESCHWERDEN: BRUSTSCHMERZEN
HAUSARZT: KEINER
BERUF: MEDIZINSTUDENT
MEDIKAMENTE: DIGITALIS
REAKTION DARAUF: OHNE BEFUND
KRANKHEITEN IN DER FAMILIE: HERZANFAELLE,
BLUTHOCHDRUCK
KRANKENHAUSAUFENTHALTE: KEINE
```

SOZIALE VERHAELTNISSE:
PT. VERHEIRATET, KEINE KINDER. UNIV.-ABSOLVENT. Z.ZT. STUDENT, ARBEITET 60-70 STD./WOCHE. RAUCHT SEIT 5-10 JAHREN, 1 PACKG./TAG. ALKOHOLKONSUM: 1 GLAS/TAG. AUSLANDSREISEN IN DEN LETZTEN 10 JAHREN
SYSTEM. BEFUND
ALLG. GESUNDHEITSZUSTAND
KEINE AUFFALLENDEN GEWICHTSVERAENDERUNGEN IM VERGANGENEN JAHR. SCHLAEFT 6-8 STD./
HERZ U. GEFAESSE
PT. STELLT SCHMERZEN IN DER BRUST FEST, SELTENER ALS 1 MAL MONATL. "AUF BEIDEN SEITEN". KEINE AUSSTRAHLUNG IN ARME ODER HALS. SCHMERZ VON TIEFATMUNG UNBEEINFLUSST. OHNE VERBINDUNG ZU NAHRUNGSAUFNAHME, ERREGUNG, ANSTRENGUNG. KEINE ERLEICHTERUNG DURCH SCHLAF. PT. STELLT IN SELTENEN FAELLEN PALPITATIONEN FEST. VERNEINT ORTHOPNOE. VERNEINT FUSSOEDEME. VERNEINT BEINSCHMERZEN. VERNEINT KRAMPFADERN, VERNEINT PERIPHERE REAKTION AUF KAELTE. HERZMITTEL: KEINE. KEINE KENNTNIS UEBLICHER HERZERKRANKUNGEN. KEIN EKG IN DEN LETZTEN 2 JAHREN.
NACHT. KOPFVERLETZUNGEN: IN DEN LETZTEN 5 JAHREN KEINE. AUGENSYMPTOME: KEINE. KEINE KENNTNIS VON AUGENKRANKHEITEN. TINNITUS NEGATIV. EPISTAXIS NEGATIV. SINUS POSITIV. VERNEINT VERAENDERUNG DER STIMME.
ATMUNGSSYSTEM
PT. HUSTET SEIT MEHREREN MONATEN. HUSTEN TRITT TAEGL. AUF. VERNEINT SPUTUM-AUSWURF. VERNEINT HAEMOPTYSIS. STELLT KEINE DYSPNOE FEST. HATTE HEUFIEBER. KONTAKT MIT TUBERKULOSE UNBEKANNT. LETZTES BRUST-RTG.: VOR 2 JAHREN.

Das ist nur die Hälfte des gesamten Berichts. Es folgen die Befunde weiterer Systeme: Magen-Darm-, Muskel- und Skelettsystem, Geschlechts- und Ausscheidungsorgane, Haut, Nerven. Das hier aufgeführte Computerprogramm zieht keine Schlüsse auf die Diagnose, sondern faßt lediglich die Antworten auf die gestellten Fragen zusammen, ohne eine automatische Überprüfung vorzunehmen. So konnte es geschehen, daß der Computer zunächst die Angabe akzeptierte, der Patient hätte Digitalis eingenommen, um später die widersprechende Aussage zu akzeptieren, Herzmittel seien nicht genommen worden. Dieses vom MGH entwickelte Programm stellt ein verhältnismäßig einfaches Beispiel für die Verwendungsmöglichkeiten des Computers dar, die in Zukunft sicher wahrgenommen werden. Gleichzeitig ist es aber auch das unkomplizierteste aller bereits existierenden Programme für medizinische Befunde.

Mrs. Thompson wurde in der Notaufnahme des MGH bereits erwartet. Man brachte sie sofort in die Röntgenabteilung. Dabei kam sie an einer Tür in der Nähe der Notaufnahme vorbei, die keine Aufschrift trug. Statt dessen stand über dem Türrahmen das Leuchtzeichen »Sendung«.
Hinter dieser Tür saß in der Ecke eines kleinen Raums, umgeben von verschiedenen Geräten, Dr. Murphy. Vor sich hatte er eine Kamera und einen großen Bildschirm, auf dem er die Patienten auf dem Logan-Flughafen sehen konnte. Zwei weitere Bildschirme waren in seinen Arbeitstisch eingebaut: ein kleiner Monitor, der das vergrößerte Bild wiedergab, und ein anderer Monitor, auf dem er das Bild sehen konnte, das an den Patienten übermittelt wurde. Auf diese Weise konnte er seinen Gesichtsausdruck, die Innenbeleuchtung u. ä. kontrollieren.
Zu seiner Rechten befanden sich die Armaturen für die ferngesteuerten Kameras – zwei im Untersuchungsraum und eine im Labor. Die Kamera im Untersuchungsraum wird durch eine Art Steuerknüppel ferngelenkt: Wenn der Arzt den Knüppel vorwärts, rückwärts, nach links oder nach rechts schiebt, macht die Kamera die Bewegungen mit. Außerdem sind Knöpfe für die Scharfeinstellung und die Gummilinse vorhanden.
Bevor Dr. Murphy seinen Raum verließ, um sich um Mrs. Thompson zu kümmern, schloß er noch einen Test des Tele-Diagnose-Systems ab: Er hatte eine Serie von 120 Röntgenaufnahmen der Brust zu lesen, die ihm vom Flughafen aus gesendet wurden. Es war seine Absicht, diese Aufnahmen zunächst über TV zu lesen und sie sich später noch einmal persönlich anzusehen, um die Genauigkeit seiner Ferndiagnosen zu überprüfen.
Die Krankenschwester am Logan-Flughafen spannte die nächste Aufnahme ein.

»Welche Nummer haben wir?«
»Jot-neunzehn«, antwortete die Schwester. Es war die Kontrollnummer.
»Okay.« Er bewegte seinen Steuerknüppel und berührte die Einstellknöpfe. Die Kamera überstrich die Röntgenaufnahme: erst die Rippenpartie, danach die Lungen. »Einen Augenblick!« Er ging über die Gummilinse näher heran, weil er sich den rechten oberen Lappen genauer ansehen wollte. Dann warf er einen Blick auf den kleinen Monitor, da dieser über ein besseres Auflösungsvermögen verfügte. Gleichzeitig bot ihm jedoch der große Schirm das detailliertere Bild. »Nein. Ich dachte schon . . .« Er bewegte die Linse zurück, bis er wieder die Totale hatte. Dann fuhr er an einen anderen Sektor des oberen Lappens heran. »Sieht ganz nach einer kleinen Kavität aus . . .« Er fuhr wieder zurück und bediente seine Knöpfe. Dann nahm er den Knüppel zur Hand, fuhr kurz die übrigen Bereiche der Lunge entlang und hielt gelegentlich inne, um sich verdächtigere Stellen genau anzusehen. »Nein, sonst wäre da nichts . . .« Er schloß die Übersicht ab und kehrte zum rechten oberen Lappen zurück. »Ja, da liegt eine Kavität vor. Ich würde sagen, mäßig fortgeschrittene Tuberkulose. Das nächste, bitte.«
Er arbeitete ziemlich rasch. »Mit der Zeit bekommt man Übung«, sagte er. »Zunächst stellt man sich recht ungeschickt an, aber wenn man sich erst einmal an die Geräte gewöhnt hat, geht es wesentlich rascher.«
Heute beträgt die Durchschnittsdauer einer Patientenbefragung mit Tele-Untersuchung zwölf Minuten. Vor einem Jahr brauchte man dafür noch mehr als die doppelte Zeit.
Er erklärte: »Was ich hier mache, ist eigentlich nur ein Test der gegebenen Möglichkeiten. Einen praktischen Sinn hat das noch nicht, da wir am Logan-Flughafen noch keine Röntgenaufnahmen machen können. Das ist einer der Hauptgründe dafür, daß wir Mrs. Thompson ins Krankenhaus geholt haben. Aber es ist sehr wichtig zu wissen, ob man Röntgenaufnahmen aus der Entfernung genau lesen kann. Bisher haben wir den Eindruck, daß man sie über TV genausogut lesen kann wie direkt.«
»Jot-zwanzig«, kündigte die Krankenschwester an und legte den nächsten Film ein.
Murphy begann mit der Überprüfung. »Was haben wir denn da? Sieht ja ganz nach einer Rippenfraktur aus . . .«

Man könnte sagen, daß in den letzten zwanzig Jahren die Technik das Krankenhaus zu dem gemacht hat, was es heute ist. Sobald nämlich ein Sortiment kostspieliger und komplizierter therapeutischer und diagnostischer Geräte verfügbar war, wurde das Krankenhaus automatisch zum zentralen Sammelpunkt dieser Apparaturen. Es konnte aber auch gar nicht anders sein: Private Ärzte und selbst größere Gruppenpraxen

konnten es sich einfach nicht leisten, solche Geräte anzuschaffen, sie zu unterhalten und das dafür erforderliche Fachpersonal zu bezahlen. Dazu war nur ein Krankenhaus imstande. Es war die einzige in Frage kommende Institution, die finanzkräftig genug ist. Andere Institutionen, die das eventuell gekonnt hätten, wie beispielsweise Pflegeheime, sind nicht darauf eingerichtet.
Zudem war das Krankenhaus ohnehin schon auf die intensive Behandlung von Schwerkranken eingestellt; die Technik, die es unter seinem Dach aufnahm, war genau das, was das Krankenhaus für seine Aufgaben brauchte, wie man an den Beispielen von Monitoren und lebenserhaltenden Maschinen sieht. Somit folgte die Technik nur einem ohnehin schon vorhandenen Trend.
Heute hingegen kommt der Druck, der auf das Krankenhaus ausgeübt wird, aus dem sozialen Bereich; er verändert den Sinn der Technik im Rahmen des Krankenhauses. C. P. Snow hat einmal gesagt: »Wir haben uns von der Technik beherrschen lassen, als hätten wir selbst überhaupt kein Urteilsvermögen mehr.« Gerade diese Urteilsfähigkeit wird jetzt gebraucht. Es läßt sich voraussehen, daß in den nächsten zwanzig Jahren das Krankenhaus der Technik seinen Stempel aufprägen wird. Das heißt, es wird den Bedarf für neue technische Verfahren schaffen und in gewisser Weise selbst die neue Technologie hervorbringen.
In diesem Bemühen wird das Krankenhaus den neuesten, überraschendsten Trend forcieren, nämlich die Förderung von Erfindungen und Neuerungen, die dann später von anderen, nichtakademischen Institutionen aufgegriffen werden. Der absurde Endpunkt einer solchen Entwicklung würde darin bestehen, daß das Krankenhaus die Diagnose und Behandlung bei einem Patienten dirigiert, der das Krankenhaus niemals betritt. Das mag abwegig klingen, aber es wird bei vielen Patienten auf dem Logan-Flughafen schon praktiziert. Auf andere Art und Weise wird das in Zukunft noch viel häufiger der Fall sein.
Greifen wir aus dem fast unübersehbaren Spektrum möglichen technischen Fortschritts nur zwei naheliegende Gebiete heraus: das Fernsehen und die Computer. Es muß dabei angemerkt werden, daß sie schon lange im Blickfeld liegen. Vor einem Jahrzehnt hörte man immer wieder, die Computer würden die Medizin revolutionieren, und man hört das auch heute noch. Offenbar ist es noch nicht geschehen. Es stimmt auch: Weder das Fernsehen noch der Computer vermochten bisher an der Routine des Krankenhauses viel zu ändern. Das Fernsehen wird gelegentlich in der Lehre eingesetzt. Es wird in geringem Umfang für die Weiterleitung von Blutproben und dergleichen verwendet. Es macht sich in manchen Bereichen der Röntgenologie nützlich, wo Bilder übertragen und vergrößert werden müssen. Computer sind im großen und ganzen immer

noch das Spielzeug der Forscher. Im MGH wird der Computer bereits zur Unterstützung des chemischen Labors, der Rechnungsstelle und bei der Registratur von Krankengeschichten verwendet; aber unmittelbar in der Krankenpflege spielen Fernsehen und Computer immer noch keine Rolle. Im Gegensatz dazu verwendet das System der Tele-Diagnose auf dem Logan-Flughafen Computer und Fernsehen im Umgang mit den Patienten. Das System ist kostspielig und in mancher Hinsicht primitiv. Darüber hinaus liegt derzeit das Schwergewicht bei der Diagnose – die nachfolgende Behandlung bleibt immer noch dem Arzt, der Krankenschwester und dem Patienten selbst überlassen. Dafür gibt es noch keine Apparate, es sei denn, man faßt diesen Begriff großzügiger und schließt künstliche Nieren, Spezialturngeräte und dergleichen mit ein.

Im allgemeinen liegt die Automation in der Diagnose weitaus näher als die Automation bei der Behandlung. Auch die Ärzte finden sich eher damit ab. Betrachten wir daher zuerst die diagnostische Automation.

Das augenfälligste Merkmal der Tele-Diagnose auf dem Logan-Flughafen besteht darin, daß sie über einige Entfernung hinweg erstellt wird. Das Stethoskop des Arztes ist mehrere Kilometer lang. Eigenartigerweise ist das aber bei weitem nicht der originellste Aspekt des Versuchs. In der Medizin hat die Ferndiagnose eine lange Tradition, die auch humvorvolle Züge aufweist. Um das Jahr 900 n. Chr. kam beispielsweise die Uroskopie oder »Wasserschau« in Mode. Man glaubte, aus der Betrachtung des Urins alle nur erdenklichen Informationen erlangen zu können. Urinproben von Kranken wurden oft meilenweit zur Untersuchung an einen berühmten Arzt geschickt.

David Riesman zitiert eine typische Auslegung der Urinschau:

Der Urin ist blaßrosa, oben dick, darunter dünn, und wird zur Oberfläche hin grau oder dunkel. Das Grau und die Verdunkelung werden durch Überhitzung verursacht. Folgendes sind die Symptome: Schmerzen im Kopf, insbesondere in den Schläfen, säuerlicher Atem, Rückenschmerzen von der Galle bis hinunter in die Lenden und Nieren mit Krämpfen an jedem Tag oder jedem zweiten Tag, die sich üblicherweise nach der Essenszeit einstellen.

In der mittelalterlichen Literatur finden sich zahlreiche Besprechungen der Gefahren, die dem Arzt aus der Uroskopie drohen; offenbar barg die Ferndiagnose schon damals ihre Risiken. Der spanische Arzt Arnold von Villanova, der im dreizehnten Jahrhundert lebte, schrieb:

Was den Urin betrifft, so müssen wir Vorkehrungen treffen, um uns gegen Leute zu schützen, die uns zu täuschen trachten. Die allererste

besteht darin, festzustellen, ob der Urin von einem Menschen oder einem anderen Tier stammt oder ob es sich um eine ganz andere Flüssigkeit handelt.
Die zweite Vorsichtsmaßnahme bezieht sich auf denjenigen, der den Urin bringt. Du mußt ihn scharf ansehen und ihm gerade in die Augen und ins Gesicht blicken. Wünscht er dich zu täuschen, wird er zu lachen beginnen, oder die Farbe seines Gesichts verändert sich; dann sollst du ihn bis in alle Ewigkeit verfluchen.
Auch die dritte Vorkehrung betrifft die Person, die den Urin bringt, sei es nun Mann oder Weib: Du mußt sehen, ob der oder die Betreffende bleich ist, und, nachdem du dich vergewissert hast, daß es sich wirklich um den Urin dieser Person handelt, zu ihr sagen: »Wahrlich, dieser Urin gleicht dir.« Dann sollst du über die Blässe reden, und du wirst sofort alles über die Krankheit der Person erfahren . . .
Die vierte Vorkehrung bezieht sich auf das Geschlecht. Ein altes Weib erheischt dein Urteil. Du fragst, wessen Urin das sei, und das alte Weib wird entgegnen: »Wißt ihr das denn nicht?« Dann siehst du sie in ganz bestimmter Weise aus den Augenwinkeln an und fragst: »Wie seid ihr miteinander verwandt?« Wenn das alte Weib nicht zu verlogen ist, wird es sagen, es sei irgendein männlicher oder weiblicher Verwandter, oder dergleichen, woraus du auf das Geschlecht schließen magst . . . Oder du stellst die Frage, was der Patient zu tun pflegte, als er sich noch guter Gesundheit erfreute, und aus den angegebenen Handlungen des Patienten kannst du auf sein oder ihr Geschlecht schließen . . .

Die Liste führt insgesamt neunzehn Ratschläge auf, wie der Arzt dem Überbringer der Urinprobe Informationen entlocken und sich gegen Täuschungsversuche schützen kann. Aber Arnold selbst war sich nicht zu gut für ein kleines Täuschungsmanöver:

Es mag sein, daß du zu dem Fall nichts feststellen kannst. Dann sprichst du von einer Obstruktion der Leber. Verwende jedoch mit Bedacht das Wort Obstruktion, weil das gemeine Volk nicht versteht, was es bedeutet. Es hilft ungemein, wenn die Leute einen Ausdruck nicht verstehen.

Das moderne Gegenstück zum mittelalterlichen Ratespiel mit dem Urin ist das Telefongespräch zwischen Arzt und Patienten. Nachdem das Telefon zu einem alltäglichen Gebrauchsgegenstand geworden war, lehnten die Ärzte noch viele Jahre lang telefonische Diagnosen ab, und sie sind immer noch nicht erbaut davon. Aber jeder praktische Arzt verbringt heutzutage einen guten Teil seiner Zeit am Telefon. Er muß wohl oder übel beim telefonischen Gespräch mit dem Patienten eine große Zahl von

Entscheidungen treffen, wenn auch zuweilen mit einem unguten Gefühl. Internes Fernsehen kommt zwar bei weitem nicht an das Ideal einer persönlichen Untersuchung heran, ist aber einem bloßen Telefongespräch haushoch überlegen und erweist sich in vielen Fällen als überraschend brauchbar. Das bedeutet nicht, daß in Zukunft Arzt und Patient nur noch über ein geschlossenes Fernsehsystem, ohne das Haus zu verlassen, miteinander verkehren werden. Aber in bestimmten Sonderfällen wird sich das Fernsehen sicherlich bewähren. Einer dieser Fälle ist der Logan-Flughafen, wo die Station, auf der gerade wenig Betrieb ist, einen Arzt zur Verfügung stellt. Eine andere, einleuchtende Anwendungsmöglichkeit wäre die Konsultation von Fachärzten. Ein Krankenhaus oder eine Klinik, die nur ein paarmal im Jahr eines Neurologen bedarf, kann es sich nicht leisten, einen solchen Spezialisten fest anzustellen. Es würde auch keinen finden. Für solche Konsultationen ist das Fernsehen großartig geeignet.

Ein System, wie es auf dem Logan-Flughafen eingeführt wurde, ermöglicht Routine-Untersuchungen, aber nicht mehr. Manches weist darauf hin, daß die Technik letztlich die Untersuchungsmethoden selbst verändern wird. Hier liegt der historische Trend klar auf der Hand.

Betrachten wir die Neuerungen auf dem Gebiet der Diagnose. Das neunzehnte Jahrhundert brachte dabei drei bedeutsame Erfindungen: das Stethoskop, die Blutdruck-Manschette und das Thermometer. Alle drei dienen eigentlich nur dazu, etwas präzise festzustellen, was man mit anderen Mitteln nur ungenau erfassen kann. Das Thermometer ist somit der auf die Stirn des Patienten gelegten Hand überlegen, das Stethoskop dem gegen die Brust gepreßten Ohr, die Manschette dem Finger, der durch Zusammendrücken der Arterie den Blutdruck mißt. Bei unserer Betrachtung soll die Tatsache ausgeklammert bleiben, daß das Stethoskop erst das Abhorchen als brauchbare Untersuchungsmethode einleitete. In Wirklichkeit kam es nicht oft vor, daß ein Arzt sein Ohr gegen die Brust eines Patienten preßte, bevor Laënnec das Stethoskop erfand und die Auskultation beschrieb.

Die ersten beiden Fortschritte des zwanzigsten Jahrhunderts waren ganz anderer Art: Röntgenstrahlen und Elektrokardiogramm stellten neue Informationen zur Verfügung, die durch bloßen physischen Kontakt nicht zu erreichen waren. Auch wenn man einen Patienten noch so sehr drückt und quetscht – über die elektrischen Ströme seines Herzens wird man auf diese Weise nichts erfahren. Man kann diese Information zwar von anderen Untersuchungsergebnissen ableiten, sie aber nicht unmittelbar erhalten. In ähnlicher Weise eröffnen die Röntgenstrahlen ein neues Blickfeld und ganz neue Informationen.

Zur Zeit befinden sich verschiedene Untersuchungsverfahren im Versuchsstadium. Hierzu gehören die Thermographie, ultraviolettes Licht, Ultraschall und die Erfassung elektrischer Ströme in der Haut. Mit Ausnahme der Thermographie bedeutet das in jedem einzelnen Fall »neue« Sinnes-Wahrnehmungen für den Arzt.

Ursprünglich ging es also darum, die Messungen zu verfeinern, und erst später kamen neue Arten von Messungen hinzu. Man bemühte sich zuerst, neue Meßmethoden und neue Sinnes-Wahrnehmungen zu finden. Das zweite Stadium, das noch in den Kinderschuhen steckt, umfaßt die Übersetzung alter Informationen in neue Formen. Der Computer wird in verschiedener Hinsicht bei der Beschaffung solcher »Ableitungen« hilfreich sein.

Auf einfache Weise geschieht dies bereits. Der menschliche Computer – der einzige, der von ungelernten Arbeitskräften hergestellt werden kann – und das Elektrokardiogramm sind ein treffendes Beispiel. Das Elektrokardiogramm mißt die elektrischen Ströme im Herzmuskel, jene Ströme, die den Muskel zusammenziehen und das Herz schlagen lassen. Wenn der Arzt ein EKG betrachtet, geht es ihm häufig um elektrische Meßdaten. Er braucht Angaben über Schlagzahl und Rhythmus, über die Weiterleitung von Impulsen und so weiter. In anderen Fällen sucht er nicht-elektrische Informationen. Er will vielleicht erfahren, wie dick eine bestimmte Stelle der Herzwand ist. In diesem Fall leitet er die benötigte Angabe von der elektrischen Information ab.

Aber es gibt noch weitaus kompliziertere Formen solcher Ableitungen. Ein Arzt, der einen Herzkranken untersucht, will vielleicht genau wissen, wieviel Blut das Herz pro Minute pumpt. Die Pumpleistung ergibt sich aus der Schlagzahl, die leicht zu ermitteln ist, und der Pumpleistung pro Herzschlag, deren Ermittlung äußerst schwierig ist. Gerade weil die Förderleistung des Herzens so schwer zu erfassen ist, wird diese Angabe bei Diagnose und Behandlung kaum berücksichtigt. Aber durch Messung der Schlagzahl und der Eigenart des arteriellen Pulsschlags – beides leicht durchführbar – kann ein Computer die Pumpleistung des Herzens ermitteln und diese Berechnung notfalls über einen Zeitraum von mehreren Tagen ununterbrochen fortsetzen. Wenn ein Arzt Angaben über die Pumpleistung braucht, kann er sie bekommen, und zwar so lange, wie der Patient an den Computer angeschlossen bleibt.

Braucht der Arzt diese Information tatsächlich? Im Augenblick vermag er es vielleicht noch nicht mit Sicherheit zu sagen. Jahrhundertelang mußte er sich mit anderen Informationen zufriedengeben. Vieles weist jedoch darauf hin, daß die Kenntnis der Förderleistung des Herzens ebenso wie andere mittelbare, durch Ableitungen gewonnene Angaben in mehrfacher Hinsicht nützlich sein werden.

Interessant als technisches Problem ist auch die Kehrseite der Medaille:

die Erfassung jener Informationen, über die der Arzt bereits verfügt, die er jedoch nicht braucht. Das bedeutet nicht, daß die betreffende Information ungenau ist; sie hat nur keine diagnostische Bedeutung, und es lohnt sich daher nicht, sie zu beschaffen. Natürlich bemüht sich der Arzt, das Anhäufen unnötiger Informationen zu vermeiden, aber dabei ist er unter gewissen Umständen dem Computer unterlegen. Ein solcher Fall ist die »multiple discriminant analysis«, die Auswertung vieler Faktoren. Ein Beobachter meint dazu: »Dem menschlichen Verstand sind Grenzen gesetzt, was die Schnelligkeit, Genauigkeit und Fähigkeit angeht, vielfache Variablen mit allen erdenklichen Ergebnissen und Behandlungskonsequenzen in eine Wechselbeziehung zu bringen.« Auch dem Computer sind Grenzen gesetzt. In der Praxis gibt es viele Einschränkungen. Doch hinsichtlich der rein mathematischen Fähigkeiten ist der menschliche Verstand dem Computer in der Auswertung vielfacher, miteinander verknüpfter Variablen haushoch unterlegen.

Diese Funktion ist für die Diagnose von größter Bedeutung. Es geht darum, eine große Menge von Fakten auszuwerten und den Patienten auf der Grundlage jener Fakten mit der höchstmöglichen Wahrscheinlichkeit dieser oder jener diagnostischen Kategorie zuzuordnen. Nehmen wir ein einfaches Beispiel: Blinddarmentzündung oder keine Blinddarmentzündung. (Hierbei handelt es sich um die grobe Vereinfachung eines in Wirklichkeit schwierigen diagnostischen Problems, aber es soll damit nur das Prinzip erläutert werden.) Gehen wir davon aus, ein Arzt hätte bei einem Patienten mit Schmerzen auf der rechten Seite nur diese Entscheidung zu treffen. Wie macht er das? Eine Einzelinformation wird ihm die Antwort auf diese Frage nicht geben, es sei denn, die Tatsache einer vorangegangenen Blinddarmoperation. Gewiß bekommt er die Antwort nicht aus den üblichen Angaben über Geschlecht, Alter, Anzahl der weißen Blutkörperchen, Körpertemperatur, Dauer der Schmerzen. Betrachtet er jedoch diese Fakten insgesamt, kann er zu einer Entscheidung gelangen.

Das alles ist uns vertraut, aber es ist nicht sehr präzise. Man kann nun eine Diskriminantenfunktion schaffen, die jede der Variablen – Alter, Geschlecht, weiße Zellen – auf der Grundlage der Frage bewertet, wie wichtig jede Variable in der Vergangenheit war. So dient die Diskriminantenfunktion einem doppelten Zweck. Erstens kann sie eine Diagnose stellen und dem Chirurgen als Berater dienen. Anhand mehrerer Diskriminantenfunktionen wurde bewiesen: Sie ist ebenso exakt wie der Chirurg, obgleich die Auslegung durch die Tatsache erschwert wird, daß diese Funktionen aus Daten über zuvor diagnostizierte Patienten aufgebaut werden. Zweitens kann die Funktion feststellen, welche Variablen am bedeutsamsten sind, welche den größten Anteil an der

Abweichung von der Norm haben und somit für die Diagnose die größte Rolle spielen. Das führt manchmal zu Überraschungen. Bei einer Überprüfung von Frauen, die sich einer gynäkologischen Operation unterzogen, stellte sich beispielsweise heraus, daß das Alter der Patientin für die Diagnose von großer Bedeutung war, während die letzte Periode, die Biopsie des Abstrichs, Hämoglobin vor der Operation sowie die Untersuchung der Urinrückstände eine wesentlich geringere Rolle spielten.

Diese Anwendungsmöglichkeiten des Computers zielen alle darauf ab, den Arzt bei der Diagnose zu unterstützen und nicht, ihn zu ersetzen. Manchmal bekommt man beispielsweise zu hören: »Selbst wenn man Computer so programmieren kann, daß sie die Diagnose stellen, bedarf es zur eigentlichen Untersuchung doch des Arztes; zur Identifizierung ist der persönliche Kontakt zwischen Arzt und Patient unumgänglich.«

Wie man dazu auch stehen mag, das stimmt nicht ganz. Die Aufnahme der Krankengeschichte, lange Zeit die Domäne des Arztes und ein Eckpfeiler seiner »Kunst«, läßt sich zumindest teilweise automatisieren. Das Logan-System wendet ein einfaches Programm an, das mehr ein Quiz als eine Unterhaltung mit dem Computer ist. Aber es gibt höherentwickelte Programme, und noch kompliziertere sind in Vorbereitung.

Vor einigen Jahren entwarf Joseph Weizenbaum vom Massachusetts Institute of Technology ein Computerprogramm zur Durchführung psychiatrischer Interviews. Aus vielen Gründen kann man dieses Programm zwar als »Trick« betrachten, aber es ist dennoch in der Lage, eindrucksvolle Resultate vorzubringen. Dr. Andrew T. Weil gibt das Gespräch zwischen dem Computer und einem Psychiater folgendermaßen wieder (der Computer schreibt dabei Großbuchstaben, der schlichte Mensch Kleinbuchstaben):

doktor, ich habe eine schreckliche nachricht

SIE SAGEN SIE HAETTEN EINE SCHRECKLICHE NACHRICHT

ja, beim m. i. t. gibt es ein computerprogramm, das uns alle ruinieren wird.

WARUM SAGEN SIE DAS

ich habe gesehen, wie es funktioniert

SIE SAGEN SIE HAETTEN GESEHEN WIE ES FUNKTIONIERT

es ist schrecklich – sie müssen es sich ansehen

SIE MEINEN ICH MUESSTE ES MIR ANSEHEN

sie machen einen deprimierten eindruck auf mich
IN IHRER PHANTASIE MACHEN WIR VIELLEICHT ALLE BEIDE EINEN DEPRIMIERTEN EINDRUCK AUFEINANDER
ja, vielleicht
ICH VERSTEHE
ich auch
SIE SAGEN SIE AUCH
was den computer betrifft, so sitzen wir beide im selben boot
BITTE REDEN WIR LIEBER UEBER SIE
sehr tröstlich
WIE KOMMEN SIE DARAUF DASS ICH SEHR TROESTLICH SEI
in einer so schweren zeit wollen sie über mich reden
WIE KOMMEN SIE DARAUF DASS ICH UEBER SIE REDEN WILL
weil sie meine ansicht über diesen verdammten computer teilen
WAS SCHLIESSEN SIE DARAUS
daß sie die computer natürlich ebenfalls hassen
SIE GLAUBEN ALSO ICH HASSE DIE COMPUTER EBENFALLS
warum nicht, sie haben doch kaum noch etwas menschliches an sich
VIELLEICHT IST ES GERADE DAS WAS WIR FESTSTELLEN SOLLTEN
kein computer könnte sich beispielsweise so mit mir unterhalten wie sie
ich begreife nicht, wie sich jemand von einer bloßen maschine etwas vormachen läßt
WIRKLICH NICHT
nein, denn ein computerprogramm hat doch schließlich nichts schöpferisches an sich
SIE SIND EIN PESSIMIST
ich bin überzeugt, daß ich recht habe
FUERCHTEN SIE MAN HAETTE SIE DAVON UEBERZEUGT DASS SIE RECHT HABEN
nein, nicht im geringsten, ganz und gar nicht
SIE SIND EIN PESSIMIST
sagten sie nicht, daß sie mit mir einer meinung seien
HABEN SIE DAS MEINEN WORTEN ENTNOMMEN
warum überzeugen sie mich nicht vom gegenteil – computer spielen mit zahlen, das ist alles

ICH SOLL ALSO VERSUCHEN SIE VOM GEGENTEIL ZU UEBERZEUGEN
das können sie nicht
SIE GLAUBEN ICH KANN ES NICHT
könnte ein computer zum beispiel in einer solchen unterhaltung ein neues thema zur sprache bringen
SIE SCHEINEN ES BISHER ABSICHTLICH ZU VERMEIDEN, UEBER IHRE ELTERN ZU SPRECHEN
genau das, was sie jetzt getan haben, meine ich
SIE GLAUBEN ICH HAETTE ES JETZT GERADE GETAN
ja, darin erweist sich eben der unterschied zwischen einem menschen und einem computer
AHA

Dieser Wortwechsel läßt zumindest ahnen, wie Computer in der Zukunft eingesetzt werden können. Diese Einsatzmöglichkeiten dürften um so wichtiger werden, je mehr Gemeinschaftsaufgaben das Krankenhaus übernimmt. Jerome Grossmann vom Labor für Computerwissenschaften am MGH sagt dazu:
»Ein großer Teil der Fragen an den Patienten dient dazu festzustellen, wie krank jemand wirklich ist. Die erste Frage lautet immer: Ist überhaupt ein Arzt nötig? Das ist die wichtigste Entscheidung, die ein Arzt heute am Telefon treffen muß – er spricht mit dem Patienten und versucht herauszufinden, ob eine sofortige Konsultation nötig ist oder ob es noch Zeit hat. Genau das wollen auch die Patienten wissen, und so verbringen sie die ganze Nacht oder das Wochenende mit dem Bemühen, den Arzt zu erreichen, der aber gerade keinen Dienst hat oder verreist ist . . .«
»Wenn in naher Zukunft der mit einem Fernseher kombinierte Heimcomputer eingeführt wird, kann man Verbindung mit dem Krankenhaus-Computer bekommen, ohne die Wohnung zu verlassen. Der Computer wird dann über den Bildschirm Fragen stellen wie zum Beispiel: ›Haben Sie Husten?‹ Man beantwortet die Fragen, indem man den Bildschirm an der entsprechenden Stelle mit dem Finger berührt. Einen solchen Schirm haben wir gerade entwickelt. Dafür sind jetzt keine besonderen Geräte wie beispielsweise Lichtstifte mehr erforderlich – der Finger genügt. Sobald man den Schirm berührt, wird die Antwort registriert. Anschließend gibt der Computer bestimmte Anweisungen, etwa: ›Kommen Sie sofort ins Krankenhaus‹, oder: ›Setzen Sie sich morgen früh mit Ihrem Hausarzt in Verbindung‹, oder: ›Lassen Sie sich innerhalb von sechs Wochen untersuchen‹, oder: ›Es sind nähere

Auskünfte erforderlich, gleich kommt jemand auf den Bildschirm‹. Die erste wichtige Entscheidung, nämlich die Frage, ob eine Konsultation erforderlich ist, wird damit vom Computer getroffen. Dabei ist nicht einmal die Anwesenheit eines Arztes nötig.«
Schon bald werden Computerstationen dem Arzt einen Teil der Routinefragen abnehmen und ihn bei der Durchführung weiterer Tests beraten. Solche Konsolen werden bereits in Außenstellen des MGH in einigen privaten Arztpraxen erprobt. Später wird dann das Krankenhaus noch engere Bindungen zur Gemeinde knüpfen, und zwar nicht nur Fernsehverbindungen mit einigen Kliniken, sondern unmittelbar über Computer mit den Heimen vieler Menschen. Man könnte sogar sagen, daß jene sich irren, die prophezeien, die Rolle des Krankenhauses als erste Stelle, mit der man sich im Krankheitsfall in Verbindung setzt, sei ausgespielt. Im Gegenteil, diese Aufgabe wird durch den Einsatz von Computern wieder aufgewertet werden.

Die automatisierte Therapie wiederum ist etwas ganz anderes als die automatisierte Diagnose. Man darf wohl sagen, daß sich Patienten und Ärzte gleichermaßen davor fürchten. Es kann auch nicht deutlich genug gesagt werden, daß die nachfolgenden Überlegungen größtenteils Spekulationen sind. Die automatisierte Diagnose steckt noch in den Kinderschuhen, aber die automatisierte Behandlung ist gerade erst gezeugt worden. Ihre modernen Vorläufer sind die Überwachungssysteme, die lebenswichtige Signale und das Elektrokardiogramm kontrollieren. Diese Monitoren sind eigentlich gar keine Computer, sondern nur mechanische Wächter, etwa so kompliziert wie Einbruchsicherungen.
Gegenwärtig stößt man schon beim Versuch einer automatisierten Behandlung eines genau umschriebenen Patientenkreises auf ernste Schwierigkeiten. Die Automatisierung der Behandlung des Patienten mit dem vollen Spektrum aller Krankheiten wäre ein wahrhaft gigantisches Unternehmen. Ob es jemals gewagt wird, hängt überwiegend vom Bedarf ab und dieser wiederum von der Frage, ob genügend Ärzte verfügbar sind. Ich setze voraus, daß ein solcher Plan wenigstens teilweise verwirklicht wird und daß Ärzte in den USA schon bald noch knapper sein werden als heute. Dadurch wird eine praktische Änderung der Arztfunktion erforderlich.
Die teilautomatisierte Therapie ist heute schon als wünschenswert anzusehen, und zwar aus zweifachem Grund. Erstens erfordert die moderne Behandlung einen enormen Aufwand an Papierkrieg. Ein Krankenhaus stellte bei einer Untersuchung fest, daß 25 Prozent des Budgets auf die Datenverarbeitung entfielen. Das im Krankenhaus übliche System der Erfassung, Registratur und Abrufung von Informa-

tionen erfordert einen riesigen Zeitaufwand für fast alle, die dort beschäftigt sind, angefangen vom Arzt, der Karteikarten durchblättern muß, über die Schwester, die Routinedaten festzuhalten hat, bis hin zum Personal der Registratur. Abgesehen von den Kosten bringt die heute übliche Methode eine ganze Reihe von Fehlerquellen mit sich.

Einer der Vorzüge der Datenverarbeitung mittels Computer besteht gerade darin, daß er Irrtümer aufzeigt. Wenn ein Arzt zum Beispiel über den Computer Medikamente verschreibt, kann der Computer die Rezepturen ständig auf Unverträglichkeit verschiedener Medikamente, falsche Dosierung und so weiter kontrollieren.

Der zweite Grund ergibt sich aus den Erfahrungen mit Monitoren in den Intensivpflege-Stationen. Diese Monitoren »beobachten« den Patienten weitaus genauer, als es eine Gruppe von Ärzten könnte. Der Zustand des Patienten wird pausenlos kontrolliert und nicht nur während der Visiten. Diese Überwachung durch Monitoren hat bereits dazu geführt, daß sich viele Vorstellungen über Krankheitsabläufe geändert haben, und sie hat die Intervalltherapie wieder ins Blickfeld gerückt.

Ein Beispiel: Heute rechnet man praktisch zu 100 Prozent mit dem Eintreten von Herzarrhythmie nach Myokardinfarkten – sie scheint eine fast unausbleibliche Folge des Herzanfalls zu sein. Das ist eine nützliche Information, da Arrhythmien die häufigste Ursache plötzlicher Todesfälle nach Herzattacken darstellen. Heute werden beispielsweise die meisten Medikamente alle sechs Stunden gegeben und nicht wie bisher alle vier Stunden oder in anderen Abständen. Aber warum soll man Medikamente nicht fortlaufend in entsprechender Dosis verabreichen? Und warum soll man in diesem Fall nicht eine Maschine einsetzen, die imstande ist, je nach Veränderungen im Zustand des Patienten die Behandlung zu korrigieren?

So gesehen, wirkt die automatisierte Therapie schon viel vernünftiger. Sie wird natürlich sowohl bei den Ärzten als auch bei den Patienten manches an Anpassung erfordern. Aber es wird kein schwierigerer Anpassungsvorgang sein als in anderen Sektoren der Gesellschaft.

Während der letzten fünfzig Jahre mußte sich die Gesellschaft daran gewöhnen, daß Maschinen mechanische Arbeit übernahmen, im wesentlichen also die Funktionen der Muskeln. Heute haben wir uns damit abgefunden, daß niemand mehr etwas »mit der Hand« oder »zu Fuß« macht, es sei denn aus Vergnügen oder als Sport. Das, was nun auf uns zukommt, hat Gerard Piel die »Entlastung des Nervensystems« genannt, vergleichbar der Entlastung des Muskel- und Skelettsystems. Der Mensch hat sich an den Gedanken gewöhnt, daß es Maschinen gibt, die seinem Körper überlegen sind; jetzt muß er sich damit abfinden, daß es auch Maschinen gibt, die in vieler Hinsicht seinem Geist überlegen sind.

Sicher ist die Vorstellung bestürzend, daß ein Patient allein in seinem Bett liegt, umgeben von klickenden, summenden Apparaten aus rostfreiem Stahl. Man kann die Ärzte sehr wohl verstehen, die befürchten, die Automatisierung könne zu einer Entpersönlichung der Krankenpflege führen und der Computer sei, wie der Psychologe George Miller meint, »gleichbedeutend mit einer mechanischen Entpersönlichung«. Aber das liegt vermutlich daran, daß wir mit diesen Dingen noch so wenig vertraut sind. Der Mensch hat es jedenfalls bisher fertiggebracht, Maschinen zu verpersönlichen – das Auto ist dafür ein skurriles Beispiel –, so daß nicht einzusehen wäre, warum er es nicht auch in Zukunft schaffen sollte.
Ein beispielhafter Versuch für die Krankenpflege mit Hilfe von Computern ist das Burns Treatment Project, das derzeit in Zusammenarbeit mit dem Shrine Burn Institute im Dr. G. Octo Barnett's Laboratory of Computer Science am MGH durchgeführt wird. Kathleen Dwyer, die Leiterin des Projekts, stellt fest: »Es gibt theoretisch keinen Grund, warum man nicht ein Programm aufbauen könnte, das einige Funktionen des Arztes ausführt, zumindest für eine bestimmte Patientengruppe. Aber praktisch gesehen sind wir noch weit davon entfernt.«
Versucht man, genau zu erfahren, warum wir noch weit davon entfernt sind, so erhält man zwei Antworten: Erstens sei zur Zeit niemand sonderlich interessiert an Bestrebungen, den Arzt durch ein Magnetband zu ersetzen. Zweitens wissen die Ärzte selbst nicht ganz genau, wie solche Dinge funktionieren. Erst wenn die Ärzte dahintergekommen sind, kann man eine Maschine so programmieren, daß sie die Funktionen eines Arztes übernimmt. Eine klassische Situation: Ein Arzt betritt ein Krankenzimmer, in dem ein Patient mit normaler Temperatur, normalem Puls, normalem Blutdruck und einwandfreiem Elektrokardiogramm liegt, wirft einen Blick auf den Mann und konstatiert: »Er sieht schlecht aus.« Wie gelangte der Arzt zu diesem Schluß? Wenn er nicht imstande ist, die Anzeichen zu erklären, die ihm diese Information vermittelten, dann sind die Programmierer auch nicht in der Lage, sie einem Computer einzuspeisen.
Diese Situation wird häufig angeführt, um auf die Grenzen der Mechanisierung in der Medizin hinzuweisen. Wie soll man auch die »unbewußten« oder »instinktiven« oder »intuitiven« oder »erfahrungsgemäßen« Reaktionen eines Arztes nachahmen? Dabei schadet dieses Argument in Wirklichkeit, wie Kirkland und andere erklärt haben, mehr dem Ruf der Ärzte als dem der Maschinen. Es gibt nämlich nur zwei Möglichkeiten: Entweder der Arzt hat ganz schlicht und einfach geraten, wenn er feststellt: »Er sieht schlecht aus«, oder er hat seine Schlüsse aus irgendeiner Form von »Input« gezogen, der höchstwahrscheinlich visueller Art ist. Jetzt braucht man nur noch diesen Input zu identifizieren

und ihn dem Computer einzutippen. Ist der Input jedoch wirklich nicht faßbar, rät der Arzt vielleicht nur oder ist voreingenommen.
Auf jeden Fall besteht ein erhebliches Interesse daran, zu erfahren, wie ein Arzt feststellt, daß es einem Patienten schlechter oder besser geht. Dr. Jerome Grossman hat in diesem Zusammenhang gesagt: »Die Arbeit mit Computern brachte uns alle dazu, die Denkvorgänge bei Menschen genauer unter die Lupe zu nehmen.«
Im Augenblick gibt es bestenfalls durch Computer unterstützte Programme. Dr. Dwyers Programm, das ab Ende 1970 erprobt wird, soll speziell ein schwieriges Managementproblem lösen, nämlich die Behandlung von Verbrennungen bei Kindern. Bei diesen jungen Patienten sind ständige Beobachtung und häufige Änderungen bei der Behandlung nötig. Das wiederum erfordert einen solchen Aufwand an Papierkrieg und Datensammeln, daß es dem Arzt schwerfällt, nur durch die Betrachtung einer Karteikarte alle diese Daten zu erfassen und sie auszuwerten. Dr. Dwyer glaubt, das durch Computer unterstützte Programm werde »das geordnete Sammeln und Abrufen von Informationen erleichtern und nicht nur die Pflege des Patienten verbessern . . ., sondern auch zur Entwicklung optimaler Therapien und zum besseren Verständnis des Krankheitsverlaufs beitragen«.
Die erste Phase des Projekts wird in einer schlichten Buchhaltungsfunktion bestehen: der Speicherung von Informationen über den Patienten und seine Behandlung sowie die Wiedergabe dieser Information auf Abruf über Fernschreiber oder Kathodenröhre – einem TV-Bildschirm –, sobald der Arzt sie benötigt. Hier das hypothetische Beispiel einer solchen Information in der Form, in der sie abgerufen werden kann:

```
FLUESSIGKEIT 1-0                    SMITH, JOHN
2/2/68 11.30                        123-45-67

ZEIT  RINGER  ORAL     URIN     GEW.KG  SONST.
______________________________________________
HEUTE
2/2/68

 8.00 300/300 -        100/100  32      -
 9.00 250/550 100/100  100/200  32,5    -
10.00 100/650 200/300  135/325  33      100 B
11.00 200/850  50/350  122/447  32,5    -
```

```
FLUESSIGKEIT  EINGABE    AUSGABE:  GEW.VERAEN-
INSGESAMT     1300       447          DERUNG:+,5
------------------------------------------------

GESTERN
2/1/68


 8.00 100/100   50/50     75/75    31       -
 9.00 200/300    -/50     50/125   31       -
10.00 300/600 100/150     75/200   31,5     300 P
11.00 300/900 100/250    100/300   31,7     -
12.00 200/1100 76/325    100/400   32       -
13.00 150/1250  -/325    150/550   -        -
.
.
.
23.00 ........
24.00 ........
ZEIT  RINGER  ORAL      URIN      GEW.KG  SONST.
------------------------------------------------

GESTERN
2/1/68
.
.
6.00  100/2500   -/700  200/1200 32         -
7.00    72/2575 50/750  100/1300 32         -

FLUESSIGKEIT  EINGABE:  AUSGABE:   GEW.VERAEN-
INSGESAMT     3325      1300         DERUNG: +1
------------------------------------------------

1/31/68  3000(200)/3200 1100     -1,5     B,P
1/30/68  3000(-) / 3000 1100     -,5      -
1/29/68  4200(100)/4300  900     -1       -
```

In diesem Falle faßt der Computer die intravenöse (Ringersche Lösung) und orale Flüssigkeitsaufnahme, die angegebene Urinmenge und die Gewichtsveränderung über einen Zeitraum von fünf Tagen zusammen.

Wer noch nie eine halbe Stunde damit verbracht hat, aus Karteikarten diese Angaben mühsam herauszufinden, wird eine derartige Leistung nicht sonderlich aufregend finden; der Computer erledigt das in Bruchteilen einer Sekunde.
Die zweite Phase stellt etwas ganz anderes dar. Sie nennt sich »computer-gesteuerte Behandlungsanweisung«; das heißt, der Computer selbst schlägt die künftige Behandlung vor, und der Arzt kann den Vorschlag akezptieren oder auch nicht. Dazu ein anderes hypothetisches Beispiel eines Neuzugangs:

```
AUFNAHMEDATUM 08.05.69   AUFNAHMEZEIT 11.22
INITIALEN DES AUFNEHMENDEN ARZTES ... KRD
NAME DES PATIENTEN ... SMITH, JOHN
GEBOREN ... 20.04.65.
REG. NR. ... 12345678
     DIESE NR. IST BEREITS VERGEBEN. NOCHMALS
     VERSUCHEN ODER VORL. NR. ZUWEISEN
REG. NR. ... 1234567
STATION ... SBI
GEWICHT ... 20 KG
GROESSE ... 110 CM
DATUM DER VERBRENNUNG WIE OBEN, ZEIT 08.00
VERBRENNUNG IN PROZENT ... 36
PROZENT 1. GRADES ... 0  2. GRADES ... 9
   2.-3. GRADES ... 27
GESAMTFLAECHE DER VERBRENNUNG GESCHAETZT
AUF 0,27 QM
BEHANDLUNG VOR EINLIEFERUNG
KEINE
BEHANDLUNG UNFALLSTATION
JA
GESAMT IN ML
LAC RINGER ... 200 N/S ... 0 PLASMA ... 0
BLUT ... 0 URIN ... 0 VOMITUS ... 0

EMPFOHLENE ERSTBEHANDLUNG
   1440 ML RINGER BIS 16.00  08.05.69
   DOSIS: 315 TROPFEN/MIN. PED (80 AD)
   1640 ML RINGER BIS 20.00  09.05.69
   DOSIS: 100 TROPFEN/MIN. PED
```

Daran ist eigentlich gar nichts Geheimnisvolles. Die empfohlene Erstbehandlung stützt sich auf Grundsätze, die von John Crawford, dem Chefarzt der Kinderabteilung auf der Station für Verbrennungen, erarbeitet wurden. Vorausgesetzt, es hat sich in das Programm kein Fehler eingeschlichen und es ergeben sich keine Abweichungen, die er in Betracht ziehen würde, die Maschine jedoch nicht, handelt es sich um genau dieselbe Behandlung, die er auch persönlich verordnet hätte.
Der Computer ist also bestenfalls so klug wie ein kluger Mensch und schlimmstenfalls weitaus weniger scharfsinnig als ein Mensch.
Nach einer gewissen Erprobungszeit wird das MGH-Projekt zur Behandlung von Verbrennungen von den Ärzten analysiert und entsprechend den gemachten Erfahrungen verfeinert. Je besser das Programm wird, desto schwieriger dürfte es für den Arzt werden, sich über die »Empfehlungen« des Computers hinwegzusetzen.
In der Zukunft wird es möglich sein, den Patienten durch einen Computer überwachen und behandeln zu lassen – im Rahmen bestimmter Richtlinien, die von Ärzten oder sogar vom Computer selbst ausgearbeitet wurden.
Das erklärte Ziel jeglicher Computerbehandlung ist die Entlastung der Ärzte von Routinearbeiten in der Krankenpflege. Vieles wird ihnen bereits von Krankenschwestern oder Technikern abgenommen. Im MGH sind es Techniker, die im Laufe der Woche Blutproben entnehmen, und Infusionen werden von besonders ausgebildeten Schwestern angelegt und in Gang gehalten. Auch das galt vor ein paar Jahren noch als revolutionär, weil von den Ärzten die Ansicht vertreten wurde, einfache Krankenschwestern seien grundsätzlich außerstande, Infusionen vorzubereiten oder Blut zu entnehmen. Doch die überraschende Folge dieser neuen Spezialisierung auf nichtärztliches Pflegepersonal bestand darin, daß die Patienten in gewisser Hinsicht besser versorgt wurden, als es die Ärzte selbst vermocht hätten. Die Patienten wissen das, selbst wenn es die Ärzte nicht wahrhaben wollen. An den Wochenenden, wenn die Techniker und die besonders geschulten Schwestern frei haben, hört man bittere Klagen, daß die Ärzte sich bei diesen Arbeiten weitaus ungeschickter anstellen.
Was spezielle Maßnahmen betrifft, die noch den Ärzten selbst vorbehalten bleiben, wie beispielsweise Rückenmarkspunktionen sowie Thorax- und Bauchhöhlenspiegelungen, so ist es nur noch eine Frage der Zeit, bis jemand dahinterkommt, daß man auch diese Aufgaben mit Erfolg anderen überlassen kann.
Es hat den Anschein, als würden sämtliche Funktionen des Arztes allmählich von anderen Personen oder von Maschinen übernommen. Was bleibt dem Arzt dann in Zukunft noch?
Höchstwahrscheinlich wird er einen von zwei möglichen Wegen einschla-

gen. Die eine Möglichkeit besteht darin, daß er sich ausschließlich der Forschung widmet. In den letzten fünfzehn Jahren hat die Zahl der festangestellten Klinikärzte und der Ärzte, die bei Behörden mit Forschungsaufgaben beschäftigt sind, beträchtlich zugenommen. Mit größter Wahrscheinlichkeit wird sich dieser Trend fortsetzen.
Die zweite Richtung führt von der Wissenschaft weg zur medizinischen »Kunst«. Es geht dabei um die äußerst komplexen, sehr menschlichen Probleme, die bei der Anpassung eines Menschen an einen bestimmten Krankheitsablauf auftreten. Es wird zwischen der rein medizinischen Fassade der Krankheiten und den beschränkten Behandlungsmöglichkeiten immer eine Lücke klaffen. Und es werden immer Leute gebraucht, die diese Lücke überbrücken.
Ob sich die Ärzte nun für die eine oder die andere Richtung entscheiden, immer wird ihnen die Entlastung von der Routine der Krankenpflege entgegenkommen. Jene Ärzte, die heutzutage mit einem beinahe religiösen Fanatismus an solchen Details hängen und darauf bestehen, ihre Laboruntersuchungen eigenhändig durchzuführen, verkennen das Wesen ihres Berufs. Es wäre sicherlich besser, wenn sie ihre Zeit im Gespräch mit dem Patienten verbrächten und es einem anderen überließen, sich Blut- und Urinproben anzusehen oder die Zellen in der Rückenmarksflüssigkeit zu zählen – zumal dann, wenn diese Person (oder Maschine) schneller und exakter arbeiten kann als der Arzt selbst.
Man könnte einwenden, dadurch würde eine Spaltung der Ärzteschaft heraufbeschworen, und zwar in Mediziner mit überwiegend wissenschaftlicher Neigung und Ärzte mit einer fast schon psychiatrischen Orientierung. Diese Spaltung hat bereits begonnen, und manche beklagen sie. Aber in Wirklichkeit ist es doch so, daß Kunst und Wissenschaft bei einem einzelnen Menschen nur selten eine befriedigende Verbindung eingehen. Man sagt, Einstein hätte als Cellist verhungern müssen; es ist sicherlich richtig, daß in den letzten Jahren nur ganz wenige Ärzte gleichzeitig hervorragende Kliniker und ausgezeichnete Forscher im Labor waren. Natürlich stößt man hin und wieder auf solch eindrucksvolle Persönlichkeiten, aber sie stellen gewiß eine Minderheit dar.
Die moderne Vorstellung, der Durchschnittsarzt müsse Kunst und Wissenschaft gleich gut beherrschen, ist im günstigsten Fall ein liebenswerter Mythos, im ungünstigen Fall aber eine gefährliche Illusion des ganzen Berufsstandes.

Faßt man dies alles zusammen, zu welchen Ergebnissen gelangt man dann für das Krankenhaus und für den Patienten im Krankenhaus? Werfen wir einen Blick auf die Möglichkeiten, die sich schon in naher Zukunft

verwirklichen lassen, wie zum Beispiel die Behandlung von Verbrennungen.
Dieses Programm erspart dem Krankenhauspersonal – Ärzten wie Schwestern – viel an reinen Handlangerdiensten und gestattet es ihnen, sich mehr den Patienten zu widmen. Für den Arzt könnte es bedeuten, daß er mehr freie Zeit für die Forschung hat. Das sollte sich letztlich auch für die Patienten günstig auswirken.
Darüber hinaus eröffnet das Computerprogramm als »verlängerter Arm« des Krankenhauses ungeahnte Möglichkeiten. Jedes Krankenhaus im ganzen Lande, sogar jede Arztpraxis könnte sich dieses Programms über bereits bestehende Telefonverbindungen bedienen. Ein kleines Gemeindekrankenhaus könnte sich in das MGH-Programm einschalten und die Überwachung eines Patienten sowie die Direktiven für seine Behandlung dem Computer überlassen. Auf diese Weise würde die Ideenkapazität des Krankenhauses ausgenutzt, und man würde sein ungeheures Reservoir an komplexem medizinischem Wissen praktisch verfügbar machen; insofern wäre ein derartiges Programm gewiß ein logischer Schritt in einer seit 2500 Jahren andauernden Entwicklung. Auch das müßte sich für den Patienten letztlich günstig auswirken.

Edith Murphy

Patient und Arzt

Mrs. Murphy, fünfundfünfzig Jahre alt, Mutter von drei Kindern, stellte sechs Monate vor ihrer Einlieferung ins Massachusetts General Hospital zum erstenmal ein Anschwellen ihrer Beine und Fußgelenke fest. Die Schwellung nahm zu, und Mrs. Murphy wurde immer schwächer, bis sie schließlich ihre Arbeit als Büroangestellte aufgeben mußte. Sie wandte sich an ihren Hausarzt. Er verschrieb ihr Digitalis und harntreibende Mittel. Daraufhin ging die Schwellung zurück, verschwand aber nicht völlig. Sie fühlte sich immer noch sehr schwach.

Endlich wurde sie in ein Gemeindekrankenhaus eingeliefert. Man stellte eine schwere Anämie fest, ferner Blutungen im Magen-Darm-Kanal, chemische Hinweise auf ein Leberleiden und aufgrund von Röntgenaufnahmen den Verdacht auf Bauchspeicheldrüsenkrebs. Sie wurde ins MGH übergeführt. Zu diesem Zeitpunkt ahnte sie nichts von der vorläufigen Diagnose.

Bei ihrer Einlieferung wurde Mrs. Murphy von dem Stationsarzt Dr. A. W. Nienhuis und dem Medizinalassistenten Edmund Carey untersucht. Neben einer leichten Gelbsucht stellte man Flüssigkeit in der Bauchhöhle fest. Wegen dieser Flüssigkeitsansammlung ließ sich ihre Leber nicht tasten. Beine und Knöchel waren immer noch geschwollen. Das Vorhandensein von Blut im Stuhl wurde bestätigt.

Die Blutuntersuchung ergab einen Wert von 18 Prozent; das bedeutete, daß der Anteil roter Blutkörperchen auf weniger als die Hälfte des Normalwertes abgesunken war. Die Retikulozytenzählung – die Produktion neuer Blutkörperchen – war erhöht. Der Eisengehalt ihres Blutes war zu gering. Von dem Gesamtbild ließen sich die typischen Merkmale für chronische Anämie durch Blutverluste im Magen-Darm-Kanal ableiten, doch so einfach war die Situation nicht: Ein Coombs-Bluttest fiel positiv aus; das bedeutete, daß ihr Körper außerden noch durch einen allergischen Vorgang rote Blutkörperchen zerstörte. Der fachkundige Leser möge hier eine gewisse Vereinfachung in der Darstellung entschuldigen.

Die Röntgendarstellung des Brustraums, das Elektrokardiogramm und die Nierenuntersuchung zeigten normale Befunde. Barium-Kontrastaufnahmen der oberen Verdauungsorgane zur Feststellung eines eventuellen Bauchspeicheldrüsenkrebses ließen sich nicht sofort durchführen. Es wurde zwar eine Knochenmarks-Biopsie vorgenommen, aber sie lieferte keine weiteren Hinweise auf die Eigenart ihrer Anämie. Mittels einer Punktion der Bauchhöhle wurde eine Flüssigkeitsprobe zur Analyse entnommen. Das Labor lieferte bestimmte Hinweise auf eine Erkrankung der Leber und einen eventuellen Proteinmangel im Blut, doch diese Befunde konnten am Abend ihrer Einlieferung noch nicht endgültig bestätigt werden.

Alles in allem stellte Mrs. Murphys Zustand ein komplexes, nicht leicht durchschaubares Problem dar. Zunächst mußte man sich die Frage stellen, ob ein einzelner Krankheitsprozeß für ihre drei Hauptbeschwerden verantwortlich sein konnte: die Blutarmut, die Veränderungen im Magen-Darm-Kanal und die Ödeme. Dr. Nienhuis stellte fest, daß sich alle drei Symptome ganz oder teilweise durch Krebs oder ein Leberleiden erklären ließen, doch dann mußten recht verwickelte Mechanismen am Werk sein.

Dr. Nienhuis ging von der Erkenntnis aus, daß der Körper einer ununterbrochenen Veränderung unterworfen ist und daß die scheinbar unveränderlichen körperlichen Merkmale in Wirklichkeit das Ergebnis eines dynamischen Gleichgewichts sind. Der Anteil roter Blutzellen im Körper, der für gewöhnlich scheinbar konstant bleibt, ist in Wirklichkeit das Ergebnis einer ständigen Neubildung und Zerstörung von Zellen. Ein rotes Blutkörperchen hat eine durchschnittliche Lebensdauer von 120 Tagen. Eine Anämie kann entweder eine unzureichende Neubildung oder eine übermäßige Zerstörung solcher Zellen als Ursache haben. Im Fall von Mrs. Murphy lag sogar eine erhöhte Neubildung vor, aber sie büßte Zellen durch Blutungen und allergisch bedingte Zerstörung ein.

Ähnlich steht es mit dem Wasserhaushalt; normalerweise macht Wasser rund 70 Prozent des Körpergewichts aus, und es ist bei einem gesunden Menschen sorgfältig verteilt. Ein bestimmter Anteil findet sich in den Zellen, ein anderer Teil außerhalb. Die einzelnen Wassermoleküle wandern ständig durch den ganzen Körper, aber das Gleichgewicht in jedem einzelnen Teil wird doch sehr genau aufrechterhalten. Ödeme, also krankhafte Wasseransammlungen in bestimmten Geweben, können eine Vielzahl unterschiedlicher Faktoren als Ursache haben, die eine normale Verteilung des Wassers im Körper stören. Diese Wirkung können auch Herz- oder Nierenleiden hervorrufen, allerdings über ganz andere Mechanismen.

Mrs. Murphy wurde in die Innere Abteilung des »Bulfinch-Gebäudes« gelegt. Die erste Nacht verlief ohne besondere Ereignisse. Am nächsten Morgen wurde sie während der Visite von Carey, Nienhuis und Dr. Robert Liss, einem weiteren Internisten der Station, untersucht. Dabei wurden praktische Aspekte besprochen, insbesondere die Frage einer Transfusion. Da sich Mrs. Murphy vorläufig wohl fühlte, beschloß man, die Transfusion zu verschieben. Später wurde der Fall noch mit Dr. John Mills, dem Chefarzt der Abteilung, besprochen. Nach seiner Ansicht bestand eine »hohe Wahrscheinlichkeit für einen Tumor in der Bauchhöhle«, doch glaubte er aus verschiedenen Gründen eher an ein Lymphom – einen Krebs der Lymphdrüsen – als an einen Bauchspeicheldrüsenkrebs.

Am selben Tag wurde, um die Größe der Leber festzustellen, ein radioaktiver Lebertest vorgenommen, da man die Leber unmittelbar nicht tasten konnte. Es stellte sich heraus, daß die Leber klein und geschrumpft war. Das deutete auf Vernarbung durch Zirrhose hin. Unklar blieb der Ausgangspunkt dieser Zirrhose. Mrs. Murphy behauptete, nicht zu trinken. Sie hatte noch nie unter Leberentzündung gelitten, und sie war in ihrem Beruf keinerlei Lebergiften ausgesetzt. Daher bezeichnete man die Zirrhose als »kryptogen«, was soviel wie »unbekannter Herkunft« bedeutet.

Im Laufe der nun folgenden drei Tage wurde ausführlich darüber gesprochen, ob Krebs, eine Lebererkrankung oder beides vorläge. Vor allen Dingen die fortgeschrittene kryptogene Zirrhose deutete auf einen Leberschaden hin. An dieser Stelle dürfte für Außenstehende ein klärendes Wort angebracht sein. Die Neigung vieler Ärzte, bestimmte Krankheiten als kryptogen oder idiopathisch zu bezeichnen und sie sodann als klar umrissene, klinisch erfaßte Zustände zu behandeln, mag vielfach Verwirrung hervorrufen. Dennoch ist diese Methode zweckmäßig. Zunächst werden dadurch andere Diagnosen ausgeschlossen: Wer von einer kryptogenen Zirrhose spricht, schließt die alkoholisch bedingte oder durch eine Leberentzündung hervorgerufene Zirrhose aus. Diese Bezeichnung sagt mehr aus als die schlichte Erklärung: »Wir wissen es nicht.« Ähnlich bedeutet idiopathisch bedingter hoher Blutdruck, daß man zuvor die wenigen bekannten Ursachen dieses Zustandes eliminiert hat.

Unterdessen besserte sich Mrs. Murphys Zustand, vor allem nach der Übertragung von drei Einheiten Blut. Darüber hinaus wurde sie jedoch nicht behandelt.

Alle waren sich darin einig, daß eine Leber-Biopsie zweckmäßig wäre; da die Patientin jedoch – vermutlich als Folge eines Leberschadens – zum Bluten neigte, war eine Biopsie ausgeschlossen. Andere diagnostische Bemühungen nützten nichts. Durch eine Dickdarmspiegelung und einen Barium-Einlauf ließ sich der Ursprung der inneren Blutungen nicht feststellen. Die Suche nach Krebszellen in der Bauchhöhlenflüssigkeit verlief negativ.

Am siebten Tag ihres Krankenhausaufenthalts wurde sie von Dr. Alexander Leaf untersucht. Er empfahl Untersuchungen der Schilddrüse

und des kollagenen Bindegewebes. Am nächsten Tage stellte Dr. Nienhuis die Möglichkeit einer lupoiden Hepatitis zur Diskussion, einer seltenen und immer noch umstrittenen Krankheit.
Die nächsten achtundvierzig Stunden erbrachten zwei wichtige Ergebnisse. Zunächst war der Befund von Aufnahmen der oberen Verdauungsorgane normal. Nichts deutete auf einen Krebs der Bauchspeicheldrüse hin. Zweitens ergab sich bei einer erneuten Untersuchung der weißen Blutkörperchen der Patientin, daß in der Zellensubstanz einiger dieser Zellen große, abnorme, bläuliche Gebilde eingelagert waren. Solche Zellen werden »LE-Zellen« genannt, weil sie in der Praxis die sichere Diagnose von *lupus erythematosus*, einer kollagenen Bindegewebserkrankung, bedeuten.
Hierbei handelt es sich um eine Krankheit, die zur Zeit bei den Ärzten auf ganz besonderes Interesse stößt. Man hielt sie früher für eine seltene Krankheit, begegnet ihr aber mit zunehmender Verfeinerung der diagnostischen Möglichkeiten immer häufiger. Man hielt sie für eine typische Krankheit bei Frauen im mittleren Alter, charakterisiert durch unterschiedliche Anzeichen: Fieber, Hautaufbrüche und Beteiligung vieler anderer Organe, insbesondere der Gelenke und Nieren. Mit der genaueren Kenntnis änderte sich jedoch auch die klassische Beschreibung. Heute findet man LE auch häufig bei Männern, und das Spektrum der klinischen Manifestationen ist breiter geworden.
Lupus nennt man deshalb eine kollagene Krankheit, weil sie mit einigen anderen Krankheiten die Neigung zur Veränderung von Blutgefäßen und Bindegeweben gemeinsam hat und weil sie offenbar ebenso wie diese anderen Leiden durch irgendeine Überempfindlichkeit oder Allergie verursacht wird. Die eigentliche Ursache ist noch keineswegs geklärt, aber Patienten, die an dieser Krankheit leiden, weisen vielerlei biochemische Störungen des Immunsystems auf. Deshalb nennt man Lupus auch oft die »auto-immune Krankheit par excellence«.
Normalerweise erzeugt das Immunsystem des Körpers Antikörper zur Bekämpfung von Fremdstoffen. Diese Reaktion ist für den einzelnen meistens segensreich, obwohl man sich in letzter Zeit bemüht, sie zu unterdrücken, damit Fremdorgane verpflanzt werden können.
Heute weiß man jedoch, daß sich der natürliche Abwehrmechanismus des Körpers manchmal irrtümlicherweise gegen den eigenen Körper richtet. Auf irgendeine Weise wird die Fähigkeit des Systems, zwischen körpereigenen und fremden Zellen zu unterscheiden, unterbunden; der Patient baut eine Immunsperre gegen sich selbst auf. Die ständige Bekämpfung bestimmter eigener Gewebe führt zu einem »chronischen Bürgerkrieg im eigenen Körper«!
Liegt Lupus vor, dann produziert der Patient mehrere Arten von

Antikörpern gegen sich selbst. Eine Sorte greift die DNA, die genetische Substanz der Chromosomen, an. Diese DNA wird im weiteren Verlauf von weißen Zellen aufgenommen, wodurch die charakteristischen bläulichen Beulen entstehen. Patienten mit SLE (systematischer lupus erythematosus) erzeugen jedoch noch weitere Antikörper, die bei anderen Krankheitsbildern zu beobachten sind. So wurden bei Mrs. Murphy Antikörper gegen DNA, zuviel Gamma-Globulin und auch Antikörper gegen die Schilddrüse und solche entdeckt, die man bei rheumaähnlicher Arthritis findet.
Heute vermutet man, daß Immunstörungen als Ursachen oder zusätzliche Komplikationen bei einer ganzen Reihe von Krankheiten vorliegen, unter anderem auch bei rheumatischem Fieber, bei perniziöser Anämie, Muskelschwäche, multipler Sklerose, Hashimotoscher Thyreoiditis (Schilddrüsenentzündung) und Glomerulonephritis (einer Form der Nierenentzündung). So treten Immun- und Auto-Immun-Mechanismen immer mehr in den Mittelpunkt des Interesses und bilden heute eines der Hauptziele der medizinischen Forschung.
Bei systematischem lupus erythematosus gibt es keine Möglichkeit der Heilung. Die Prognose ist sehr ungünstig. Manche Patienten sterben innerhalb weniger Monate, andere leben noch fünfzehn oder zwanzig Jahre. Bei Mrs. Murphy bestand die Behandlung in der Verordnung harntreibender Mittel, durch die zweiunddreißig Pfund Flüssigkeit abgingen, sowie dem behutsamen Versuch, mit Hilfe von Kortisonpräparaten einige Auswirkungen der Krankheit zu bekämpfen. Sie fühlte sich bei ihrer Entlassung verhältnismäßig wohl und konnte an ihren Arbeitsplatz zurückkehren.

Mrs. Murphys Fall zeigt eine wichtige Funktion des Patienten in einer Universitätsklinik im Gegensatz zum Privatpatienten auf: Aufgabe des Klinikpatienten ist es teilweise auch, bei der Ausbildung junger Studenten zu Ärzten mitzuhelfen. Das hat für den Patienten sowohl Vor- als auch Nachteile.
Zunächst die Klärung einiger Begriffe:
Als Medizinstudenten bezeichnen wir jemanden, der seine mittlere Prüfung bereits abgelegt hat und sich in den letzten vier Jahren seiner Ausbildung vor dem Staatsexamen befindet, jedoch noch keine Zulassung als Arzt besitzt. Um diese Zulassung zu bekommen, muß er ein zusätzliches Jahr als Intern (Medizinalpraktikant; Krankenhaushilfsarzt) in einem Lehrkrankenhaus verbringen.
Somit ist ein Praktikant also ein junger Arzt im ersten Jahr nach seinem Abschlußexamen. Er darf nur in einem Krankenhaus praktizieren. Nach Abschluß seines Krankenhauspraktikums könnte er theoretisch eine

eigene Praxis eröffnen, aber das tut so gut wie niemand. Statt dessen bleiben die meisten im Krankenhaus und werden Residents (Assistenzärzte).

Ein Assistenzarzt ist ein Arzt im Krankenhaus, der sein einjähriges Praktikum abgeschlossen hat und nun eine spezielle Weiterbildung auf Gebieten wie beispielsweise Kinderheilkunde, Chirurgie, innere Medizin oder Psychiatrie absolviert. Man kann die beiden Ausbildungsphasen entweder an einem oder auch an zwei verschiedenen Krankenhäusern absolvieren. Die Arbeit als Assistenzarzt dauert je nach Fachgebiet zwei bis sechs Jahre.

Medizinstudenten sind in erster Linie der Medizinischen Fakultät und nicht dem Krankenhaus selbst unterstellt. Im Krankenhausjargon bezeichnet man sie manchmal ironisch als *Studs,* was nicht nur eine Abkürzung ist, sondern gleichzeitig so etwas Ähnliches wie »Setzlinge« bedeutet.

Praktikanten und Assistenzärzte hingegen sind Angestellte des Krankenhauses; sie bilden gemeinsam den *Haus-Stab,* der sich vom sogenannten *Senioren-Stab* unterscheidet. Hierunter versteht man private Ärzte oder Professoren, die im weiteren Sinne dem Krankenhaus angehören.

Diese Hierarchie entspricht der einer Universität mit ihren Studenten, Assistenten und Professoren. Das Krankenhaus verfügt über Abteilungen, die den Fakultäten der Universität gleich kommen. Diese Abteilungen führen Kurse für Medizinstudenten und Krankenhausärzte durch, die man *Rotations* nennt. Die Ausbildung erfolgt vorwiegend informell, doch daneben sind zahlreiche Pflichtvisiten, Vorlesungen und Seminare vorgeschrieben.

In der Geschichte des Lehrkrankenhauses taucht der Medizinstudent viel früher auf als der Assistent oder Angehörige des *Haus-Stabs.* In den Vereinigten Staaten bestand am Anfang der Entwicklung eine enge Verbindung zwischen Lehrkrankenhaus und Medizinischer Fakultät. In besonderem Maße trifft das bei den drei ältesten Medizinischen Fakultäten und Universitätskliniken der USA zu: Philadelphia, New York und Boston.

In den Stationen des Massachusetts General Hospital arbeiteten von Anfang an Harvard-Studenten. Es besteht kein Grund zu der Annahme, diese Studenten hätten das Krankenhaus attraktiver gemacht. Warren erinnert sich, daß die Studenten seiner Zeit »von rüdester Art« waren und daß es gegenüber einer Zimmervermieterin keineswegs eine Empfehlung darstellte, sich als Medizinstudent einzuführen. Noch hundert Jahre später stellt Harvey Cushing grollend fest: »Studenten im Krankenhaus sind wie Kinder in einer Urlaubspension keineswegs eine ungetrübte Freude.« Aber trotz aller hartnäckigen Vorurteile wurden im Lehrkrankenhaus immer Medizinstudenten ausgebildet. Neu ist die Ausbildung von Assistenten – des *Haus-Stabs*.

Anfangs war den Medizinstudenten ein zweijähriges akadamisches Studium vorgeschrieben, auf das eine einjährige Lehrzeit bei einem praktizierenden Arzt folgte. Damals bot das MGH zwei Stellen für Jungärzte an – seinerzeit noch erheblich bescheidener »Haus-Schüler« genannt –, die der Lehrzeit bei einem praktischen Arzt entsprachen. Etwa um die Zeit des amerikanischen Bürgerkriegs wurde die Zahl dieser Stellen jedoch erhöht; die schnellste Wachstumsrate war um die Jahrhundertwende zu verzeichnen. 1891 gab es im MGH sieben derartige Stellen, 1901 waren es vierzehn, 1911 bereits einundzwanzig. Wie bereits erwähnt, gehören dem *Haus-Stab* des MGH heute 304 Mediziner an.

Diese Zunahme ist teilweise schlicht und einfach auf das Größerwerden des Krankenhauses selbst zurückzuführen. Es gab mehr Patienten, die versorgt werden mußten und von denen man lernen konnte, mehr Routinearbeit für den Stab.

Zum Teil ist diese Entwicklung jedoch auch auf eine Verlagerung innerhalb des Ausbildungssystems zurückzuführen: weg von der persönlichen und hin zu einer »institutionellen« Lehrzeit. Im Laufe der dreißiger und vierziger Jahre stellte sich immer mehr heraus, daß Ärzte, die länger im Krankenhaus blieben, eine bessere Ausbildung genossen als solche, die es schon bald wieder verließen, um sich einem privat praktizierenden Arzt anzuschließen. Diese Erkenntnis führte schließlich dazu, daß die persönliche Ausbildung fast ganz aufgegeben wurde. Während früher ein Chirurg drei Jahre als Assistenzarzt und weitere zwei Jahre als Lehrling bei einem privaten Facharzt arbeiten mußte, beträgt die Ausbildung im Krankenhaus heute (einschließlich der Jahre als Praktikant) fünf Jahre. Wenn sich danach jemand einem privaten Chirurgen anschließt, so geht es ihm niemals um das Sammeln weiterer Erfahrungen, sondern lediglich um den Aufbau einer eigenen Praxis.

All das bedeutet, daß sich die Struktur der Krankenpflege seit der Gründung des Krankenhauses vollkommen geändert hat. 1821 lag die Versorgung der Patienten im wesentlichen in den Händen privater Ärzte, die ihre Zeit dem Krankenhaus unentgeltlich zur Verfügung stellten und bereit waren, bei ihren Visiten Studenten mitzunehmen. Aber zwischen diesen leitenden Privatärzten und den Studenten ist inzwischen eine breite Schicht von Medizinern entstanden, die für das Krankenhaus unentbehrlich geworden sind. Das MGH könnte leicht auf seine Medizinstudenten verzichten, aber der ganze Betrieb würde innerhalb weniger Stunden kläglich zusammenbrechen, wenn es auf seinen *Haus-Stab* verzichten müßte.

Es ist bestimmt keine Übertreibung, wenn man sagt, daß dieser

Haus-Stab weite Bereiche des Krankenhauses selbständig leitet; die *Senioren* stehen dabei mit Rat und Tat über ihnen, und unter ihnen rangieren die Studenten. Man könnte dieses System lobenswert finden, weil es ein breites Spektrum von Zuständigkeiten und Verantwortlichkeiten bietet und den Studenten die Möglichkeit gibt, sich in kleinen Etappen die Stufenleiter vom Praktikanten über den Junior-Assistenzarzt zum Senior-Assistenzarzt emporzuarbeiten. Aber in der Praxis weist die Schaffung und Erweiterung des *Haus-Stabs* noch eine andere, weniger rosige Seite auf: Für das Krankenhaus bedeutet dieser Stab die Versorgung mit gut ausgebildeten, intelligenten, hart arbeitenden und sehr billigen Arbeitskräften.

So war es schon immer. 1896 vermerkte Cushing als Praktikant: »So hart arbeitende Leute wie der Haus-Stab sind mir noch nie begegnet. Sie sind täglich vierundzwanzig Stunden ununterbrochen auf den Beinen.«

Heute hat der Krankenhausarzt üblicherweise jeden zweiten Abend Dienst. Das bedeutet, daß er nach jeweils sechsunddreißig Stunden Dienst zwölf Stunden frei hat. In der Praxis sieht das so aus: Er trifft zwischen halb sieben und sieben Uhr morgens im Krankenhaus ein, arbeitet den ganzen Tag lang und meist auch noch den größten Teil der Nacht, macht weiter bis zum darauffolgenden Nachmittag, geht dann nach Hause und legt sich bis sechs oder halb sieben Uhr morgens schlafen. Bis vor kurzem gab es für diese Strapazen, die jahrelang durchgehalten werden mußten, praktisch keine Bezahlung. Manche Krankenhäuser trieben es noch schlimmer: Sie ließen ihre Assistenten schuften, bezahlten ihnen keinen Pfennig und stellten ihnen sogar noch Wäsche und Parkplatz in Rechnung. Andere gaben wenigstens ein paar kostenlose Mahlzeiten aus und, wenn es hoch kam, vielleicht noch einen Ehrensold von fünfundzwanzig Dollar im Jahr. Ein leitender Arzt erinnert sich, wie es noch vor zehn Jahren im MGH war: »Ich war Erster Assistenzarzt in der chirurgischen Abteilung, hatte mein Staatsexamen seit acht Jahren hinter mir und zwei Jahre beim Militär gedient; ich hatte eine Frau und vier Kinder, war für eine ganze chirurgische Station verantwortlich und bekam dafür nicht einmal zweitausend Dollar pro Jahr.«

In einer solchen Situation muß man entweder finanziell unabhängig sein oder sich tief verschulden. Man fragt sich unwillkürlich, ob die heute oft angeführte sprichwörtliche Habgier des privaten Arztes nicht auf jene ersten Jahre extremer finanzieller Sorgen zurückzuführen ist. Glücklicherweise sind die Gehälter der Krankenhausärzte in den letzten Jahren stark angehoben worden. In vielen Krankenhäusern bekommt ein Praktikant jetzt sechstausend Dollar, ein älterer Assistenzarzt acht- bis neuntausend. Für diese Steigerung sind vielerlei Faktoren verantwortlich: die Auswirkungen von »Medicare«, die es dem Krankenhaus gestatten, die Dienste des Assistenzarztes in Rechnung zu stellen; die Tatsache, daß die vom Staat bezahlte Ausbildung ehemaliger Soldaten erweitert wurde und sich jetzt auch auf das Praktikum im Krankenhaus erstreckt; die Erkenntnis unter den für die medizinische Ausbildung Verantwortlichen, daß man in einer Wohlstandsgesellschaft einfach keine guten Kräfte bekommen und halten kann, wenn man ihnen nichts bezahlt.

In dem Maße, wie der *Haus-Stab* umfangreicher und besser ausgebildet wurde, änderte sich auch die Stellung des Medizinstudenten. Fertig ausgebildete Ärzte dürfen bereits praktizieren; dem Medizinstudenten ist dies durch Gesetz verwehrt. Ein Student kann ohne Gegenzeichnung durch einen Arzt keinerlei Anordnungen erlassen, nicht einmal für eine so simple Sache wie das Höherstellen eines Patientenbettes.

Nach dem Gesetz darf ein Student lediglich diagnostische Instrumente verwenden und diese auch nur zum Zweck der reinen Diagnose. In der Praxis werden diese Bestimmungen großzügig ausgelegt. Der Student kann in der Regel unter Aufsicht eine Rückenmarkspunktion vornehmen, eine Brustkorb- oder Bauchhöhlenpunktion, oder er darf eine Knochenmarksprobe entnehmen; er kann Medikamente herstellen, eine Infusion anlegen, intravenöse Injektionen und Bluttransfusionen machen. Darüber hinaus wird von ihm erwartet, daß er sich mit verschiedenen Laboruntersuchungen auskennt.

Die Funktionen eines Medizinstudenten liegen also irgendwo zwischen denen eines Arztes, eines Pflegers und eines Labortechnikers. Ist es da erstaunlich, wenn kein Mensch so recht weiß, wie er ihn anreden soll? Geht ein Professor mit einer Gruppe von Studenten im vierten oder fünften Semester durch die Krankensäle, dann stellt er sie den Patienten oft als »Ärzte in der Ausbildung« oder »Jungärzte« vor. Sucht ein Student der letzten Semester allein einen Patienten auf, so stellt er sich als »Doktor« vor. Bis vor wenigen Jahren trugen die Studenten sogar Namensschilder »Dr. Sowieso«, aber davon ging man ab, nachdem das Krankenhaus darauf aufmerksam gemacht worden war, daß dieses falsche Führen eines Titels rechtliche Folgen haben könnte. Auf den Schildchen der Studenten steht jetzt lediglich ihr Name, auf denen der Praktikanten und Assistenzärzte die Bezeichnung »Dr.«.

Es ist nicht ganz klar, warum Studenten vor den Patienten mit »Doktor« angeredet werden, zumal sich nur die wenigsten Patienten durch diese Bezeichnung täuschen lassen. Man kann die ganze Sache als einen harmlosen Brauch ansehen: Das Krankenhaus tut, als seien die Studenten bereits Ärzte, und die Patienten tun so, als ließen sie sich anführen.

Ist das überhaupt so wichtig? Pädagogen meinen, diese kleine Notlüge beruhige die Patienten, die sich ungern von Studenten untersuchen lassen würden. Dasselbe kommt gelegentlich bei Praktikanten vor, die sich in dem Glauben, das beruhige die Patienten, als Assistenzärzte ausgeben. Es stimmt, daß die Mundpropaganda – unterstützt durch die Massenmedien – ein ungünstiges Bild von den Medizinstudenten und Praktikanten entwirft, das sie begleitet, bis sie Assistenzärzte werden. Dr. Kildare, dieser liebenswerte, gescheite Arzt, hat als Assistenzarzt einen guten Teil seiner Zeit mit der Ausbildung neurotischer, verlegener, ungeschickter Studenten und Praktikanten verbracht. »Auch heute noch«, sagte George Orwell, »findet man Ärzte, deren Motive recht fragwürdig sind. Wer viel krank war oder wer der Unterhaltung von Medizinstudenten aufmerksam zugehört hat, der weiß, was ich damit meine.« Mit einer einzigen Handbewegung fegt er damit eigenartigerweise die Motive *einiger* Ärzte, aber *aller* Medizinstudenten vom Tisch.

So ist die Stellung des Medizinstudenten seltsam, manchmal sogar komisch. In der Gesellschaft gilt er ganz allgemein als gute Partie und äußerst kreditwürdig; somit erfreut er sich des Wohlwollens der beiden wichtigsten Bastionen einer konservativen Wertschätzung, nämlich der Matronen und Bankiers. Im Krankenhaus wollen jedoch dieselben Matronen und dieselben Bankiers nichts mit ihm zu tun haben. Jeder Medizinstudent hat schon die Erfahrung gemacht, daß eine Dame knurrend und widerwillig die Befragung und Untersuchung über sich ergehen ließ, um sich anschließend höflich zu erkundigen, ob er denn verheiratet sei.

Alles in allem gelangt man doch zu dem Schluß, daß es nicht ratsam ist, Studenten als Ärzte auszugeben. Man sollte den Patienten genau erklären, wer und was Studenten sind. Das hat mehrere Vorteile.

Erstens fürchten ohnehin die meisten Patienten, die in eine Universitätsklinik eingeliefert werden, als Versuchskaninchen zu dienen. Sie haben ominöse Andeutungen gehört: »Du fällst den Studenten in die Hände.« Aber das stimmt nicht. Wer krank und voller Angst in ein Krankenhaus kommt, weiß fast nie etwas über die Hierarchie, die eine wirksame Kontrolle über die jungen Mediziner ausübt. Zu dieser allgemeinen Besorgnis kommt noch hinzu, daß sich jedermann als *Doktor* vorstellt, wo man doch ganz genau weiß, daß einige dieser *Doktoren* noch Studenten sind. Stellt man Studenten nicht als solche vor, dann vermehrt man die bestehenden Ängste noch, anstatt sie abzubauen.

Zweitens beobachtet man in den Stationen allgemein, daß die Studenten bei den Patienten beliebt sind. Die Studenten haben mehr Zeit, mit den Patienten zu sprechen. Für einen Patienten ist das Krankenhausdasein langweilig, er sehnt sich nach etwas Aufmerksamkeit. Oft teilt er die Rangfolge nach der empfangenen Wärme und Herzlichkeit ein. Ein freundlicher Student, der mit einem groben Assistenzarzt zusammenge-

arbeitet hat, weiß, wie oft die Patienten ihn für den Arzt und den Assistenzarzt für den Studenten halten. Daraus geht eindeutig hervor, daß die Patienten Grobheit mit beruflicher Unfähigkeit in Verbindung bringen – was sogar stimmen könnte.
Drittens weiß jeder von vornherein, daß er als Patient in einer Universitätsklinik besser versorgt wird, sich dafür aber mit den Gegebenheiten der Lehre abzufinden hat. Die Lehrfunktion sollte als solche erkennbar sein. Jedenfalls stellte Frederick Cheever Shattuck schon vor Jahren fest: »Bevor wir der Wahrheit ausweichen oder lügen, sollten wir uns die Frage stellen: ›Wem gereicht ein solches Lügen zum Vorteil?‹ Wenn es in irgendeiner Weise unser eigener Vorteil – oder vermeintlicher Vorteil – ist, den wir suchen, dann zum Teufel damit!«

Wie sieht nun das praktische Lehrsystem aus, das von Studenten, *Haus-Stab* und Ausbildern praktiziert wird? Es soll am Beispiel von Mrs. Murphy gezeigt werden.
Wenn die Station vom Eintreffen eines neuen Patienten unterrichtet wird, begibt sich der Student in die Notaufnahme und untersucht den Neuzugang. Dabei muß er sich manchmal beeilen, um dem Krankenhausarzt zuvorzukommen, doch darin erlangen die Studenten einige Übung; der *Haus-Stab* drückt ein Auge zu, damit der Student die Erstuntersuchung vornehmen kann. Das hat einen ganz bestimmten Grund: Je öfter der Patient seine Krankengeschichte erzählen kann, um so mehr gewöhnt er sich daran, solche Angaben zwar geordnet zu machen, sie andererseits aber auch routinemäßig herunterzuleiern. Am schwierigsten ist es, den neu angekommenen Patienten die Vorgeschichte zu entlocken; daher legt man auf sie besonderen Wert.
Nachdem der Student den Patienten untersucht hat, nimmt der Assistenzarzt eine zweite Untersuchung vor und bespricht daraufhin den Fall mit dem Studenten. Für gewöhnlich stellt der Assistenzarzt dabei nur drei Fragen: »Was haben Sie festgestellt?« – »Woran leidet er Ihrer Meinung nach?« – »Welche Behandlung schlagen Sie vor?« Interessanterweise sind das die einzig wirklich wichtigen Fragen in der gesamten klinischen Medizin.
Daran schließt sich eine Besprechung der Diagnose und Behandlung an. Stimmt der Assistenzarzt mit dem Studenten überein, überläßt er ihm die Ausfertigung der nötigen Anweisungen und zeichnet sie gegen. Diagnostische Maßnahmen wie Rückenmarkspunktionen, Knochenmark-Biopsien und so weiter werden üblicherweise unter der Aufsicht des Assistenzarztes vom Studenten vorgenommen. Es entspricht einer alten Tradition, daß Neuzugänge möglichst weitgehend noch am ersten Tag oder am ersten Abend »erledigt« werden. Das heißt, daß die Mitarbeiter

der Station nicht nur die Krankengeschichte aufnehmen und eine gründliche Erstuntersuchung durchführen, sondern darüber hinaus die Blutzusammensetzung prüfen, eine Zählung der weißen Blutkörperchen vornehmen, ein Hämatokrit, ein Elektrokardiogramm, eine Urinanalyse, eine Überprüfung von Röntgenaufnahmen und alles tun, was sonst noch an diffizilen Tests erforderlich sein mag – und zwar gleich bei der Aufnahme.

Das alles oder doch zumindest ein großer Teil davon bleibt dem Studenten überlassen, aber für die Behandlung ist er eigentlich nicht zuständig. Die meisten Entscheidungen zum Zeitpunkt der Aufnahme oder auch später werden von dem aufnehmenden Arzt gefällt. Daher gilt in der Medizin die »Aufnahme eines Patienten« als gleichbedeutend mit der »Erledigung eines Falls« durch den Chirurgen. In beiden Fällen kann stets nur eine Person für die Entscheidungen über die Behandlung des Patienten verantwortlich sein. Vom Zusehen lernt man zwar auch eine ganze Menge, aber es ist doch nicht dasselbe wie etwas selbst tun. Die Erfahrung der Verantwortung läßt sich nicht vermitteln.

So hat jedes Mitglied des *Haus-Stabs* »seine Patienten« auf der Station liegen. Es handelt sich um diejenigen, die er selbst aufgenommen hat und für die er sich während ihres ganzen Krankenhausaufenthalts in besonderer Weise verantwortlich fühlt. Man erwartet von ihm, daß er über seine Patienten mehr weiß als jeder andere, obwohl natürlich die Kollegen wenigstens soweit unterrichtet sein müssen, daß sie die geordnete Versorgung fortführen können, wenn der betreffende Assistenzarzt nicht im Dienst ist. Das Gefühl für individuelle Verantwortung ist so ausgeprägt, daß man beinahe von einer Besitzergreifung reden könnte. Ein Arzt frage den anderen: »Ist Mr. Jones Ihr Patient?« Die Antwort könnte dann lauten: »Nein, der gehört Bob.«

Die Rolle des Studenten besteht darin, so zu tun, als sei er der aufnehmende Krankenhausarzt. Dieser Rolle muß er während des gesamten Krankenhausaufenthaltes eines Patienten treu bleiben. Üblicherweise arbeitet ein Student eng mit einem bestimmten Praktikanten oder Assistenzarzt zusammen und richtet sich auch nach dessen Dienstplan. Die Flüsterpropaganda unter den Studenten funktioniert ausgezeichnet – es spricht sich schnell herum, mit welchem Doktor man gut zusammenarbeitet und mit welchem nicht. Ein guter Krankenhausarzt ist selbstsicher, weil Unsicherheit ansteckt, er nimmt sich Zeit für Erläuterungen, und er schiebt nicht jede Routinearbeit auf den Studenten ab.

Bei der Morgenvisite am Tag nach der Einweisung, die zwischen sieben Uhr fünfundvierzig und neun Uhr stattfindet, gehen alle Mitarbeiter einer Station von Patient zu Patient. Der Student hat bei dieser

Gelegenheit in großen Umrissen die Ergebnisse von Vorgeschichte, Untersuchung, Labortests und so weiter für all jene zusammenzufassen, die am Abend zuvor frei hatten. Später, bei einer zweiten Visite, hat der Student gegenüber dem verantwortlichen Stationsleiter, kurz *Visiteur* (Oberarzt) genannt, eingehend über den Fall zu referieren. Der Oberarzt steht in den Diensten des Krankenhauses, ist der Station normalerweise für die Dauer eines Monats zugeteilt und trägt juristisch die volle Verantwortung für sämtliche Patienten der betreffenden Abteilung.

Dieses formelle Referat des Studenten nennt man »Präsentation«. Alle einschlägigen Informationen über den Patienten müssen in knapper, sehr stilisierter Form vorgetragen werden. Dabei wird vom Studenten etwartet, daß er dies auswendig tut. Die Präsentation beginnt mit den Vorkommnissen, die zur Einlieferung wegen der augenblicklichen Beschwerden geführt haben. Dann folgt ein Überblick über frühere Behandlungen, danach ein Bericht über die verschiedenen Organsysteme, über Familie und soziale Herkunft. Schließlich die Untersuchungsergebnisse, beginnend mit dem Kopf und endend mit den Füßen. Danach folgen die Daten der Labortests in ganz bestimmter Reihenfolge: Blutuntersuchungen, Urinuntersuchungen, Kardiogramm, Röntgenaufnahmen und am Ende die spezielleren Tests.

Dieser ganze Vorgang soll nicht länger als fünf Minuten dauern.

Eine gute Präsentation ist eine schwierige Sache, weil vom Studenten etwartet wird, daß er nicht nur die positiven Ergebnisse zusammenfaßt, sondern aus der fast unübersehbaren Anzahl von Symptomen und Anzeichen, die der Patient *nicht* aufweist, die »wesentlichen Negativa« heraussucht. Damit sollen bestimmte Diagnosen von vornherein ausgeschlossen werden. Wenn bei einem Patienten beispielsweise Gelbsucht und eine Leberschwellung festgestellt wurden, hat der Student zu berichten, daß der Patient nicht trinkt, falls dies zutrifft.

Übereifrige Studenten können bei der Darstellung der Negativa manchmal auf absonderliche Einfälle kommen, weil sie hoffen, daß der Professor sie etwa mit der Frage unterbricht: »Woran dachten Sie eigentlich bei der Feststellung, daß der Patient noch nie in Tibet getanzt hat?«

Darauf könnte der Student dann triumphierend irgend eine obskure Krankheit nennen, die ungefähr ins vorliegende Gesamtbild paßt, beispielsweise: »Das Kurelu-Tanz-Syndrom, Sir!« Damit erweckt er einen belesenen Eindruck. Diese Methode kann allerdings bei einem beschlagenen Oberarzt leicht danebengehen, wenn dieser kontert: »Das Kurelu-Tanz-Syndrom tritt niemals bei Männern unter vierzig auf, und Ihr Patient ist erst sechsunddreißig. Falls Sie das genauer nachlesen wollen, empfehle ich Ihnen das *Kurelu Medical Journal,* Band zehn, Nummer zwei.« Für den Studenten ist es das Signal, zurückzustecken – es sei denn, er hätte eine treffende Erwiderung parat. Sonst hat er diese Runde nämlich verloren. Für den Gegenangriff bleibt ihm nur eine Möglichkeit: »Aber, Sir, im *Mauritanian Journal of Midwifery* wurde doch erst letzte Woche der Fall eines zehnjährigen Jungen angeführt!« Damit kann man durchkommen – oder auch nicht. Möglicherweise antwortet der Oberarzt: »Was für eine Fachzeitschrift soll das sein? War das nicht das Blatt, das berichtete, Magermilch verursache Krebs?« Damit wäre die Diskussion in jedem Fall beendet.

Unter Studenten werden die Oberärzte in zwei Gruppen eingeteilt: in gutartige und andere. Das hängt davon ab, wie sie die Studenten behandeln. Im allgemeinen hört sich der Oberarzt die Präsentation schweigend an; sodann macht er den Studenten auf all die Dinge aufmerksam, die dieser vergessen hat, schließlich stellt er Fragen. Er hat das Recht, ganz nach Belieben alles zu fragen, was irgendwie entfernt mit dem vorliegenden Fall zu tun hat. Wenn er will, kann er dem Studenten dabei ganz schön zusetzen.

Nehmen wir als typisches Beispiel die Besprechung eines Falles von Zwölffingerdarmgeschwür, hervorgerufen durch seelische Belastung: Zuerst kann sich der Oberarzt nach der Anatomie der vier Teile des Duodenums erkundigen; dann folgt die arterielle Blutversorgung des Magens; die möglichen Komplikationen bei Zwölffingerdarmgeschwüren; die klassischen Faktoren, die für Schmerzsteigerung und Schmerzlinderung verantwortlich sind; die Merkmale, durch die sich Geschwürschmerzen von den Schmerzen bei akuter Entzündung der Bauchspeicheldrüse, Gallenblasenleiden oder einem Herzinfarkt unterscheiden; die vier Indikationen für einen chirurgischen Eingriff; die Gründe für Messungen der pankreatischen Serum-Amylase und des Serum-Calciums; die geistigen Veränderungen, die man im Falle von Lebererkrankungen bei Magen-Darm-Blutungen erwarten darf, und die Gründe für diese Veränderungen; weitere Ursachen, die zu Blutungen der oberen Verdauungsorgane führen können; Unterscheidungen zwischen Blutungen im oberen und im unteren Magen-Darm-Kanal – und so weiter.

Außerdem kann der Oberarzt jederzeit auf ein verwandtes Thema zu sprechen kommen. Erkundigt er sich nach dem Serum-Calcium, und der Student antwortet korrekt, daß es einen Zusammenhang zwischen Erkrankungen der Nebenschilddrüsen und Ulcera gebe, so kann der Oberarzt anschließend nach den Schwankungen des Calciumspiegels bei solchen Erkrankungen fragen; nach den damit verbundenen Veränderungen beim Serum-Phosphat; nach möglichen Beobachtungen im Elektrokardiogramm; nach den seelischen Veränderungen, die im Falle eines erhöhten oder verminderten Calciumspiegels bei Erwachsenen und Kindern auftreten.

So wird der Student vom Zwölffingerdarmgeschwür auf das Gebiet des Calciumhaushalts abgedrängt. Natürlich kann der Oberarzt jederzeit das Thema wechseln und sich nach sechs anderen Zuständen erkundigen, die im Zusammenhang mit Geschwüren aufzutreten pflegen – beispielsweise chronisches Lungenleiden, Zirrhose, rheumatoide Arthritis, Verbrennungen und Schlaganfälle, Entzündung der Bauchspeicheldrüse und die Auswirkungen bestimmter Medikamente, insbesondere Steroide –, um sodann eingehend über jede dieser Krankheiten zu sprechen. Visiten dauern zwei Stunden. Es ist also reichlich Zeit vorhanden.
Praktikanten und Assistenzärzte bleiben von diesen hochnotpeinlichen Verhören üblicherweise verschont – sie sind unter ihrer Würde. Der Oberarzt behandelt zwar die Angehörigen des *Haus-Stabs* als Kollegen, nicht aber die Studenten. Wer von den Praktikanten und Assistenzärzten dem Oberarzt eine Frage stellt, bekommt auch eine Antwort. Fragt ein Student zum Beispiel: »Wie verhält sich das Serum-Calcium bei Windpocken?«, so kann er als Antwort zu hören bekommen: »Nun, wie verhalten sich denn die Plasma-Proteine bei der Ridinghoodschen Makroglobulinämie?« Sieht der Student nicht sofort klar, bekommt er noch eine kleine Hilfestellung, die wiederum in die Form einer Frage gekleidet ist: »Na, wie steht es denn mit dem Serum-Phospat beim Schwergewichts-Syndrom?«
Dieses Spielchen wiederholt sich während der ganzen medizinischen Ausbildung immer wieder. Es ist für die medizinische Praxis ganz natürlich. Hier ein ganz simples Beispiel:

Student: »Der Patient hat Ausschlag und Fieber.«
Oberarzt: »War er denn schon einmal in Martha's Vineyard?«
Student: »Nein, das Rocky-Mountain-Fleckfieber hat er nicht.«
Es kommt für den Studenten darauf an, den Hintersinn der Frage zu erkennen – daß sich nämlich jedes Jahr ein paar Patienten im Gebiet von Martha's Vineyard mit Rocky-Mountain-Fleckfieber anstecken. Gerade derartige Ableitungen sind für die medizinische Praxis von großer Bedeutung. Insofern stellen die Frage-und-Antwort-Spiele eine nützliche Lehrmethode dar. Im Extremfall kann das allerdings zu einem Pingpongspiel werden, dem der zufällige Beobachter kaum noch etwas zu entnehmen vermag:
Student: »Der Patient hat ein Nierenleiden, bei dem alles auf eine Glomerulonephritis hinweist.«
Oberarzt: »Sind in letzter Zeit Infektionen aufgetreten?«
Student: »Anti-Streptolysin-Titer lagen niedrig.«
Oberarzt: »Ausschlag im Gesicht?«
Student: »LE-Probe und antinukleare Antikörper waren negativ.«

Oberarzt: »Veränderungen im Augenhintergrund?«
Student: »Glukoseverträglichkeitstest normal.«
Oberarzt: »Haben Sie schon an eine rektale Biopsie gedacht?«
Student: »Die Zunge war nicht vergrößert.«

Man hüpft damit sozusagen unter Vermeidung der Täler von einem Berggipfel zum anderen. In der Übersetzung hört sich das etwa so an: Zunächst fragte der Oberarzt, ob die Nierenentzündung durch eine Streptokokkeninfektion hervorgerufen worden sei; zweitens, ob diese auf Lupus zurückzuführen sei; drittens, ob Zuckerkrankheit die Ursache war; viertens, ob eine Amyloidose, also die Einlagerung krankhaft entarteter Eiweißkörper in den Zellen, vorliege. Der Student verneint jede dieser Diagnosen durch die Anführung negativer Daten. Weder der Lehrer noch der Schüler nennen die Diagnose beim Namen. Das Spiel besteht darin, daß jeder erraten muß, wovon der andere spricht.
Diese sokratische Methode der medizinischen Lehre geht auf jene Zeit zurück, zu der die Medizin noch ein Lehrfach im strengsten Sinne des Wortes war. Die Zwanglosigkeit hat ihre Vorteile. Der Assistenzarzt kann einen Studenten während der Visite beiläufig fragen: »Woran erkennen wir, wann Mr. Jones die richtige Dosis Digitalis hat?« Der Chirurg kann während einer Operation den Studenten fragen: »Was geschieht, wenn ich diesen Nerv hier durchtrenne?« Auf diese Weise muß der Student sein Wissen ständig wiederholen. Im großen und ganzen funktioniert das recht gut.
Aber warum stellt man zur Unterrichtung des Studenten nicht einfach die Tatsachen fest? Dafür gibt es einen Hauptgrund: Die meisten Medizinstudenten sind müde. Für einen Medizinstudenten ist ein Vortrag, wo er auch stattfinden mag, das Signal zum sofortigen Abschalten. Er hört weg und döst. Das ist zum Teil eine angelernte Reaktion. Während der ersten vier Semester seines Studiums hat er täglich vier Stunden Vorlesungen und fünf Stunden Laborzeit zu absolvieren. Alle Studenten, die dann auch noch bis spät in die Nacht hinein lernen müssen, erwerben die Fähigkeit, bei den Lektionen sofort einzuschlafen. Diese Angewohnheit wird auch noch während des Praktikums beibehalten. Bei manchen Vorlesungen im Krankenhaus kann man beobachten, daß 20 bis 50 Prozent der Studenten und Jungärzte auf ihren Stühlen eingenickt sind. Den Vortragenden kümmert das nicht. Für ihn bedeutet das keine Kränkung, er nimmt es als gegebene Tatsache hin. So ergeht es jedem, und jeder findet sich damit ab.
Gegen das Eindösen gibt es nur ein Mittel: Fragen stellen. Angeblich wird das Lernen selbst dadurch mehr aktiv und weniger passiv. Doch jeder, der einmal versucht hat, einen programmierten Lehrtext zusammenzustellen, weiß, wie ungewöhnlich schwierig es ist, nur durch Fragen zu

unterrichten. Die ideale Fragestellung geht stufenweise vor. Sie führt den Studenten von Informationen, die er vollkommen beherrscht, zu den logischen Ableitungen von Informationen, die er noch nicht kennt. Andererseits entlockt ihm die übliche unsystematische Fragestellung zumeist nur einen hilflosen Blick und ein Raten.

Aus unerfindlichen Gründen ist das Frage-und-Antwort-Spiel als Lehrmethode eine Eigenart der akademischen Lehre. Man findet sie in den Fächern Jura, Medizin und Ökonomie, aber praktisch nie in anderen Fakultäten. Wirklich gute Lehrer wenden sie mit großem Erfolg an, aber die meisten Professoren sind darin leider recht unbeholfen.

Die größten Erfolgschancen hat dieses System, wenn man es bei einem einzelnen anwendet. Gegenüber größeren Gruppen ist es unweigerlich zum Scheitern verurteilt. Ich war selbst Zeuge, wie ein Fachmann für Diabetes einen Hörsaal voller Studenten im sechsten Semester betrat und händereibend begann: »So. Nehmen wir einmal an, Sie hätten einen Zuckerkranken vor sich. Sein Blutzucker beträgt dreihundert. Welche Diät werden Sie ihm verordnen?« Im ganzen Saal hatte niemand die leiseste Ahnung, welche Art von Diät für den Mann gut sei. Der Lehrer fragte: »Wieviel Gramm Kohlehydrate werden Sie ihm zugestehen?« Keiner wußte es. Keiner sagte ein Wort. Schließlich deutete der Lehrer auf einen bestimmten Studenten und wollte dessen festen Wert hören. »Neunzig Gramm?« rief der Student. »Falsch!« rief der Professor und ging nun fragend den ganzen Saal durch, bis jemand zufällig hundert Gramm riet. Diese Zahl wollte er hören. »Sehr schön«, fuhr der Lehrer fort. »Und wieviel Einheiten Insulin werden Sie ihm geben?« Damit begann das Spielchen von neuem.

Es wäre schön, wenn solche Beispiele in der medizinischen Ausbildung die Ausnahme darstellten, aber leider sind sie beinahe die Regel. Wer unter solchen Voraussetzungen studieren will, der muß schon ein gerüttelt Maß an gutem Willen mitbringen. Oft hat man den Eindruck, daß die medizinische Ausbildung erstaunlicherweise *trotz* ihrer Methoden funktioniert.

Hier wären in jeder Hinsicht nützliche Änderungen denkbar – bei den Studenten, bei den Lehrern, in der Methodik. Aber nur eine einzige Veränderung scheint sich tatsächlich anzubahnen: Der Dienstplan, nach dem Studenten und *Haus-Stab* einen um den anderen Abend Nachtdienst haben, stirbt allmählich aus. Viele Krankenhäuser gehen schon dazu über, nur noch jeden dritten Tag Nachtdienst vorzuschreiben. Das bedeutet eine erhebliche Verbesserung. Der Student oder Jungarzt kann in der ersten Nacht ausschlafen, aber am zweiten Abend ist er imstande, Lektüre nachzuholen, und tagsüber ist er wesentlich aufnahmefähiger. Dadurch wird eine der ältesten Absurditäten in der medizinischen

Ausbildung abgeschafft: Das Krankenhaus behauptet nämlich einerseits, den Studenten erstklassige Bedingungen für ihre Ausbildung zu bieten, während es sie andererseits systematisch um den Schlaf bringt.
Unwahrscheinlicher ist, daß sich bei den Lehrern etwas ändern wird. Klinische Lehraufträge bringen ein beträchtliches Prestige mit sich. Jeder Privatarzt sagt gern von sich, daß er »einige Zeit den Studenten widmet«. Gleichzeitig bietet die Lehre wenig Aufstiegsmöglichkeiten innerhalb der medizinischen Hierarchie; wie in jedem anderen Gebiet auch wird hier das größere Gewicht auf die Forschung gelegt. Das führt zu einer Vielzahl von Gelegenheitslehrern, die teilweise nur wenige Stunden im Jahr den Studenten widmen. Solche Leute – wie zum Beispiel der Diabetes-Experte, der alle drei Monate ins Krankenhaus kommt und seinen kleinen Vortrag hält – sind außerordentlich gefährlich. Sie nehmen die Lehre nicht ernst genug, um sich dabei anzustrengen; sie verfügen über zuwenig Erfahrung mit Studenten, um sie richtig ansprechen zu können; sie haben niemals eine pädagogische oder sprachliche Ausbildung genossen und legen wenig Wert auf einen guten Vortrag.
Abgesehen von diesen Leuten muß man der Medizinischen Fakultät recht geben, wenn sie die Ansicht vertritt, daß die erfahrenen Praktiker ihr gesammeltes Wissen an die Studenten weitergeben sollten. Nur ist das leider nicht die richtige Methode.

Die Lehrmethoden bedürfen einer gründlichen Reform. Man darf gewiß sein, daß diese Reform kommt – sie war schon immer im Gange. Die Curricula ändern sich, neue Kurse kommen auf, andere gehen ein, in großartigen Vorträgen mit Zitaten von Cushing und Osler wird die Pädagogik abgehandelt, aber trotzdem bleibt die medizinische Lehre in ihren Grundzügen doch immer dieselbe. Die Methodik bleibt verwirrend. Die Erkenntnis, daß man den Gegenstand der Lehrmethode anpassen muß, daß man gewisse Dinge am besten in Vorlesungen, andere in Seminaren, andere individuell lehrt; die Einsicht in diese Einzelheiten, die eine Vorlesung vom Dia-Vortrag, jenen vom gedruckten Wort und dieses von der praktischen Erfahrung unterscheiden – das alles fehlt in der Medizin.
So werden Pädagogen der Zukunft wahrscheinlich kopfschüttelnd auf die Methode zurückblicken, wie im Lehrkrankenhaus das »Patientenmaterial« benutzt wurde. Man könnte sagen, daß dieses Material zur Zeit höchst unzureichend genutzt wird. Man zieht den einzelnen Patienten nicht genügend zum Zweck der Ausbildung von Studenten heran. Ein ungewöhnlicher Fall mag wohl fünfzig oder sechzig Studenten vorgestellt werden, aber den Durchschnittspatienten bekommen nur wenige zu Gesicht, zumal dann, wenn seine Krankheit alltäglich und sein Aufenthalt im Krankenhaus nur kurz ist.

Es ist ein ganz wesentlicher Teil der medizinischen Ausbildung, möglichst viele Patienten aus erster Hand kennenzulernen und Erfahrungen mit Kranken zu sammeln, bei denen sich die Krankheit in vielerlei Form äußert. Das ist um so wichtiger, weil es nicht nur viele verschiedene Krankheiten gibt, sondern weil ein und dieselbe Krankheit sich bei verschiedenen Menschen unterschiedlich darstellt. Erfahrung in der erforderlichen Tiefe und Breite zu sammeln kostet viel Zeit. Ein Student oder Jungarzt muß viele Jahre im Krankenhaus immer zur Stelle sein, weil ihm sonst berufsentscheidende Erfahrungen verlorengehen.
Heute gibt es allerdings schon Mittel und Wege, »einen Patienten für künftige Zwecke aufzubewahren«. Seit Jahren existieren Sammlungen von Röntgenaufnahmen für Unterrichtszwecke, so daß der einzelne Student nicht mehr zu warten braucht, bis der betreffende Fall tatsächlich eingeliefert wird. Aber diese Bemühungen stehen noch ganz am Anfang: Man kann beispielsweise das Erscheinungsbild eines Patienten und seine Untersuchung auf Ampex aufnehmen oder die Krankengeschichte auf Band festhalten. So würde es die Technik buchstäblich Hunderten von Studenten im Laufe von Jahren gestatten, an einem bestimmten Patienten etwas zu lernen.
Man könnte noch einen Schritt weitergehen. Eine der bedauerlichsten Einschränkungen der modernen klinischen Ausbildung besteht beispielsweise darin, daß der Student am Patienten selbst nicht praktisch »üben« kann. Zu jedem Lernprozeß gehört es, Fehler zu machen – in einem Krankenhaus muß man derartige Fehler jedoch mit Recht zu vermeiden suchen.
Was man hierfür brauchen würde, wäre ein »Wegwerfpatient«, bei dem es auf ein paar Fehler nicht ankommt. Man könnte fast sagen, daß die Gesellschaft der Vergangenheit dieses Übungsobjekt in Gestalt des kostenlos behandelten Fürsorgefalls zur Verfügung stellte – jedenfalls ist diese Ansicht weit verbreitet. Diese Lücke könnte heutzutage die Technologie schließen. Die Anästhesisten haben bereits lebensechte Plastikpuppen als Übungsobjekte für die Studenten entwickelt; diese Puppen können allergische Reaktionen auf Narkose, Herz- und Atmungsstillstand und eine ganze Reihe anderer ernster Komplikationen zeigen. An einer solchen Puppe kann der Student ohne Hemmungen üben. Etwas Vergleichbares bietet bisher nur die zum Sezieren freigegebene Leiche in der Anatomie. Auf diesem Gebiet hält die Zukunft noch einiges bereit.
Ein anderes Beispiel: Man könnte einem Computer ein Lehrprogramm eingeben und den Studenten in die Lage versetzen, dem »Patienten« Fragen zu stellen und entsprechende Antworten zu bekommen. Auf der Grundlage einer solchen Befragung kann der Student sodann seine

Diagnose stellen und eine geeignete Therapie anordnen. Der Computer würde dem Studenten sagen, welche Folgen von seinen Anordnungen zu erwarten wären.

Diese Methode wird sogar schon beim Dritten Staatsexamen angewandt; das ist die Prüfung, die der Praktikant vor seiner Vollapprobation abzulegen hat. Bei diesem Examen werden dem Kandidaten Filme von Patienten gezeigt und Fragen über die betreffende Krankheit gestellt. Daran schließt sich eine hochinteressante Serie kurzer Krankengeschichten mit speziellen Fragen an, beispielsweise: »Welche Sofortmaßnahmen würden Sie bei diesem Patienten einleiten?« Zu jeder Frage gibt es mehrere Antworten zur Auswahl, etwa »Flüssigkeitsverluste intravenös ersetzen« oder »Antibiotika geben« oder »Digitalis geben« und so weiter. Das Kästchen hinter jeder Antwort ist abgedunkelt.

Der Student entscheidet sich für eine bestimmte Behandlung und kann dann in dem Kästchen dahinter nachlesen, welche Konsequenzen diese Entscheidung hätte. Ist sie richtig ausgefallen, erhält er eine ermutigende Antwort: »Zustand des Patienten bessert sich«. Hat er sich geirrt, kann es passieren, daß er kurz und bündig informiert wird: »Patient stirbt«.

Mit Hilfe dieser Technik kann man den Studenten mit seltenen klinischen Gegebenheiten konfrontieren, die er ansonsten vielleicht niemals zu Gesicht bekäme. Es ist ferner möglich, den Studenten viel gründlicher an ein Problem heranzuführen. Man könnte beispielsweise die unterschiedlichen Krankengeschichten von einem Dutzend Patienten mit Schiddrüsenüberfunktion programmieren und den Studenten alle Fälle durcharbeiten lassen, damit er eine Vorstellung davon bekommt, welche Unterschiede von Fall zu Fall auftreten.

Das alles kann natürlich nicht die praktische Erfahrung am Krankenbett ersetzen, aber es wird sicherlich zur Ergänzung dieser Erfahrungen dienen, und zwar schon bald. Zwei Gründe sprechen dafür, daß sich diese Technik rasch durchsetzen wird.

Der wichtigste Grund ist die allmählich beginnende Auflehnung gegen die Länge des Medizinstudiums. In den Vereinigten Staaten hat ein Arzt schon fast die Hälfte seines Lebensweges zurückgelegt, ehe er daran denken kann zu praktizieren; der Trend verläuft in Richtung auf eine Verlängerung und nicht etwa eine Abkürzung der Ausbildungszeit. Gleichzeitig werden mehr Ärzte gebraucht; der Vorschlag ist zu hören, diesen zusätzlichen Bedarf durch eine schnellere Ausbildung teilweise zu decken. Es regt sich auch zunehmend der Verdacht, daß im Wohlstands-Amerika einige der Besten vor dem Medizinstudium zurückschrecken, weil die Ausbildungszeit zu lang ist.

Als pädagogischer Prozeß mußte die Medizin die ganze Auswirkung der wissenschaftlichen Informationslawine über sich ergehen lassen. Die

Männer der medizinischen Lehre haben darauf recht einfältig reagiert: mit Verlängerung der formellen Ausbildungszeit, je mehr an Wissen zu verkraften war. So kann das aber nicht unbegrenzt weitergehen. Auch die Spezialisierung, also die Aufgliederung des Wissens in immer kleinere Fachgebiete, wird nur eine Teillösung bringen.

Es war eine Notlösung, daß die medizinischen Fakultäten die Semesterzahl konstant gehalten haben, dafür aber die Zahl der Wochenstunden erhöhten. Schon heute haben die Medizinstudenten Harvards die doppelte Zahl von Wochenstunden zu absolvieren wie ihre Kommilitonen in den Juristischen oder Volkswirtschaftlichen Fakultäten. Dadurch wird das Medizinstudium notwendigerweise zu einer ausgeprägt passiven Angelegenheit. Der Student kann genau das nicht mehr lernen, was er später am allerdringendsten braucht: das Lernen aus eigener Initiative.

Für die Medizinischen Fakultäten bieten sich nur zwei mögliche Lösungen an: Sie müssen entweder weniger oder rationeller lehren. Vor einer Einschränkung des Wissensvolumens schreckte die Medizin bisher stets zurück. Manchmal war das klug, manchmal auch nicht. Stundenplanänderungen sind seit langem ein beliebter Sport, aber sie vollziehen sich nur langsam – John Foster stellte einmal fest, es sei »leichter, einen Friedhof zu verlegen, als ein medizinisches Curriculum zu ändern« – und schaffen es dennoch offenbar nicht, die erforderliche Menge an Informationen verdaulich zu machen. Die Medizinischen Fakultäten scheinen von ihrer gegenwärtigen Verwaltungsstruktur her unfähig zu sein, das Curriculum zu beschneiden. Die Lehrer müssen sich daher Mittel und Wege einfallen lassen, wie man Wissen schneller vermitteln kann. Das ist der einzige Ausweg.

Wenn das Studentendasein schon schwer ist, so ist es noch weitaus schwieriger, ein guter Oberarzt zu sein. Er hat nämlich den schwersten Lehrauftrag der Welt zu erfüllen. Seine Gruppe von Studenten, Praktikanten und Assistenzärzten ist zwar nur klein, aber außerordentlich differenziert in der Wissenstiefe, und der Lehrer muß sich bemühen, jedem etwas beizubringen. Sein Lehrfach umfaßt den gesamten Bereich der Medizin. Er fungiert gleichzeitig als Berater, Bibliothekar, Dozent und – am Krankenbett – auch als Musterbeispiel in der Behandlung von Patienten. Ein wirklich guter Oberarzt ist schon eine Art Wundertier. Innerhalb einer Stunde hört er dem Studenten zu, fragt ihn aus, stellt seine Diagnose, hält eine zehnminütige Stegreif-Vorlesung über gewisse Aspekte seiner Diagnose, streut ein oder zwei humorvolle Anekdoten ein, schaut sich den Patienten an und entlockt ihm mehr Angaben als Studenten und *Haus-Stab* zusammengenommen, weist dabei auf irgendein obskures Symptom hin und tritt auf den Flur hinaus, um in wenigen Minuten die Lage knapp und übersichtlich zu beschreiben.

Dann nimmt er sich den zweiten Patienten vor.
Hinter alldem stecken ungeheures Wissen, saubere Organisation und grenzenlose Energie. Gleichzeitig ist das aber auch die oberste Kontrolle – nachdem der Praktikant Studenten, der Assistenzarzt den Praktikanten kontrolliert hat, überprüft der Oberarzt noch einmal alle.
Was bedeutet das für den Patienten? Die meisten Ärzte an Lehrkrankenhäusern sind der Überzeugung, daß die Patienten in solchen Kliniken besser versorgt werden. Dr. Robert Ebert, Dekan der Medizinischen Fakultät an der Harvard-Universität, meint dazu: »Es ist weitaus leichter, die Fehler eines unfähigen Krankenhausarztes als die eines unfähigen Privatarztes aufzudecken. So absurd das auch klingen mag: Ein schwerkranker Fürsorgepatient dürfte in unserer Station in den Genuß einer besseren und gleichmäßigeren ärztlichen Versorgung kommen als sein Leidensgenosse auf der Privatstation.«
Diese Überlegung veranlaßt Dr. Ebert sogar, von einem »Vorzug, für die Lehre benutzt zu werden«, zu sprechen. Ein solcher Gedanke mag den meisten Privatpatienten seltsam vorkommen, doch unsere Vorstellung vom »Patienten als Unterrichtsmaterial« ist derzeit in einer drastischen Wandlung begriffen. Der Grund dafür heißt schlicht und einfach: Geld. Die finanzielle Struktur des Krankenhauses wandelt sich, und mit ihr verändert sich auch alles andere.
Ursprünglich sind das Massachusetts General Hospital und ähnliche Krankenhäuser zur Versorgung der *Armen* gegründet worden. Wer sich in ein solches Krankenhaus begab, erklärte sich damit einverstanden, als Lehrmaterial zu dienen; dafür bekam er ärztliche Betreuung, die er sich auf andere Weise nicht beschaffen konnte. Damals gab es in einem solchen Krankenhaus praktisch keine Privatpatienten. Wohlhabende Bürger ließen sich lieber zu Hause behandeln und notfalls auch dort operieren. Noch um die Jahrhundertwende war ein Krankenhaus kein Ort für Reiche. Als 1913 in Boston das Peter Bent Brigham Hospital errichtet wurde, sahen die Erbauer nicht einmal eine Privatstation vor.
Bald darauf setzte ein Wandel ein. Durch die Entwicklung der Narkosetechnik wurde mehr operiert, und die Listersche Antisepsis trug viel zur Eindämmung gegenseitiger Infektionen und Epidemien von »Hospitalismus« bei. Das Krankenhaus wurde immer mehr zu einem Sammelpunkt für alle Schwerkranken, gleichgültig ob Privatpatienten oder Fürsorgefälle. 1917 baute das MGH einen Pavillon nur für Privatpatienten, im Jahre 1930 folgte ein zweiter. Um 1935 waren bereits 40 Prozent aller Betten mit zahlenden Patienten belegt; 1955 waren es schon fast 50 Prozent. 1967 lagen rund 60 Prozent aller eingelieferten Patienten in den Pavillons für Privatpatienten.
Aber diese Zahlen besagen noch nicht alles. Selbst in den allgemeinen

Stationen liegt kaum ein Patient, der nicht über gewisse Mittel zur ärztlichen Versorgung verfügte. Zur Zeit sind 85 Prozent aller Patienten des MGH durch irgendeine Form von Krankenversicherung gedeckt. Bei den Nichtversicherten handelt es sich zumeist um Wohlhabende und nicht um Arme.

Die Übernahme der Kosten durch Dritte – Versicherungen wie »Blue Cross«, staatliche Unterstützung oder »Medicare« – hat die Position des Lehrkrankenhauses revolutioniert. Es ist heute einfach nicht mehr möglich, im Tausch gegen die Freistellung als Lehrmaterial kostenlose ärztliche Versorgung zu bieten, da praktisch jeder seine Behandlung bezahlen und sich einen privaten Arzt und ein Zimmer erster oder zweiter Klasse leisten kann.

Wenn diese Zeilen erscheinen, ist das MGH gerade im Begriff, die allgemeinen Stationen zu schließen. Andere Krankenhäuser haben das bereits getan.

Solche strukturellen Veränderungen sind relativ einfach, doch die Folge ist ein ernstes Dilemma. Es gibt keine Fürsorgefälle mehr, und Privatpatienten wollen nicht als Versuchskaninchen dienen.

Wie kann man dieses Problem lösen? Offenbar gibt es nur zwei Möglichkeiten. Entweder die medizinische Lehre kommt zum Stillstand, oder man zieht die Privatpatienten dafür heran. Die erste Lösung ist undurchführbar, die zweite höchst umstritten. Aber es läßt sich heute schon absehen, daß eines Tages sämtliche Patienten in einem Universitätskrankenhaus der Lehre dienen müssen. Ein solches Programm wurde im Beth Israel, einem anderen Bostoner Universitätskrankenhaus, bereits verwirklicht. Dort liegen »allgemeine« und private Patienten nebeneinander in denselben Stationen, und alle Patienten, ob sie nun über einen privaten Arzt verfügen oder nicht, werden vom *Haus-Stab* des Krankenhauses versorgt.

Das alles mag nebensächlich erscheinen. Schließlich sind nur zwei Prozent aller amerikanischen Krankenhäuser Universitätskliniken. Bei allen anderen tauchen diese Probleme gar nicht erst auf. Man muß sich dabei jedoch folgende Frage stellen: Wenn es zutrifft, daß die Universitätskliniken dem Patienten tatsächlich eine bessere Versorgung bieten, wenn das nicht nur ein Vorwand ist, mit dem man Privatpatienten dazu bringen will, sich von Medizinstudenten und Praktikanten betasten und ausquetschen zu lassen – sollten dann nicht alle Krankenhäuser die Methoden der Universitätskliniken übernehmen? Sollten nicht alle Krankenhauspatienten von diesem überlegenen System profitieren?

Einige praktische Einwände wie zum Beispiel die Frage, ob überhaupt genug Praktikanten und Assistenzärzte zur Verfügung stehen, können wir ausklammern, um uns eingehender mit dem Grundproblem zu befassen: den Vorteilen und Nachteilen der Krankenversorgung in einem Lehrinstitut.

Ganz sicherlich gibt es einige klassische Vorteile. Die Einrichtung des Assistenzarztes führt dazu, daß in einem solchen Krankenhaus Tag und Nacht mehr Ärzte zur Verfügung stehen, um in akuten Notfällen einzuspringen. Ein Privatpatient mit dem besten Hausarzt der Welt hat nichts davon, wenn dieser Arzt sich gerade in seiner Sprechstunde aufhält, während der Patient einen Herzstillstand erleidet.

Zweitens darf der aus Akademikern und Forschern bestehende Stab eines Krankenhauses für sich in Anspruch nehmen, angesichts des zunehmenden Tempos in der Entwicklung der Medizin über ein breites, fundiertes Spezialwissen zu verfügen, das von einer privaten Anstalt oder einem privaten Arzt niemals erreicht werden kann. Für die Versorgung des Patienten können sich daraus in gewissen Fällen einschneidende Unterschiede ergeben. Während des größten Teils der medizinischen Geschichte spielte es keine große Rolle, ob der eigene Arzt auf dem laufenden war oder um zehn Jahre hinter seiner Zeit herhinkte. Heute kann es schon bedeutsam sein, wenn er nur um ein Jahr zurückliegt. Daher beruht einer der wichtigsten Vorzüge des Universitätskrankenhauses auf der Tatsache, daß es mit seiner Patientenbetreuung stets auf dem allerneuesten Stand ist.

Drittens veranlaßt die akademische Einstellung die Mitarbeiter eines Lehrkrankenhauses dazu, schwierige Probleme mit ungewöhnlicher Energie anzupacken. Es wird Literatur gewälzt, und man setzt die Labors und sämtliche Mittel der Lehranstalt ein. Endlose Diskussionen zwischen *Haus-Stab* und Oberärzten und zahlreiche Visiten bedeuten, daß zu einem solchen Problem viele Einzelmeinungen geäußert werden. Ein Patient mit einer seltenen Krankheit oder einer schwierigen Diagnose erfährt auf diese Weise eine Aufmerksamkeit, die ihm von seiten eines privaten Arztes niemals zuteil werden könnte.

Viertens: Das Universitätskrankenhaus ist von seiner Struktur her auf Lehre und Forschung eingrichtet und steht daher jeglicher medizinischer Praxis – auch der eigenen – kritisch gegenüber. Jedem Arzt sehen mehrere andere über die Schulter. Fehler werden dadurch auf ein Minimum beschränkt. In dieser Hinsicht ist der Patient hier »sicherer« als in einer Privatklinik.

Das alles wird deutlich, wenn man sich Mrs. Murphys Fall ansieht. Sie leidet an einer ungewöhnlichen, wenn auch nicht seltenen Krankheit, deren Erscheinungsform jedoch außerordentlich selten war. Zuerst suchte Mrs. Murphy einen privaten Arzt auf, der ihre Beinschwellung wie die Folge einer Herzkrankheit behandelte. Sie hatte aber kein Herzleiden und verspürte keine Besserung. Dann ging sie in ein

Gemeindekrankenhaus, in dem eine gründlichere Untersuchung vorgenommen wurde. Dort wurde völlig korrekt festgestellt, daß bei ihr eine Leberschädigung, Blutungen im Magen-Darm-Kanal und Blutarmut vorlagen. Auch ihr Privatarzt hätte mit Hilfe eines privaten klinischen Labors jede dieser Unregelmäßigkeiten feststellen können. Aus Gründen, die nicht näher untersucht werden sollen, tat er es jedoch nicht.
Im Gemeindekrankenhaus wurden bei Mrs. Murphy außerdem Hinweise auf einen Bauchspeicheldrüsenkrebs entdeckt. Nur wegen dieses Verdachts wurde sie an das MGH überwiesen. Dabei stimmten die Hinweise gar nicht. Darüber hinaus versäumte man die Feststellung bedeutsamer Krankheitssymptome, die mit ihrem primären Leiden nichts zu tun hatten. Um die ohnehin schon recht verwickelte Sache nicht noch weiter zu komplizieren, blieben diese Symptome bisher unerwähnt. Jedenfalls stellte der Untersuchungsbericht, den das kleinere Krankenhaus zusammen mit der Überweisung der Patientin dem MGH übersandte, ausdrücklich fest, das Ergebnis der Beckenuntersuchung sei normal gewesen. Dabei hatte Mrs. Murphy am Gebärmutterhals einen Polypen von der Größe einer Glasmurmel, der leicht zu tasten und deutlich zu sehen war. Diese Tatsache läßt nur einen Schluß zu: In dem anderen Krankenhaus wurde ihr Becken überhaupt nicht untersucht.
Zwei Punkte müssen hier sofort klargestellt werden. Erstens werden ins MGH, das ja eine Universitätsklinik ist, sehr viele Patienten mit unklarer Diagnose eingliefert. Dadurch könnte leicht der Eindruck aufkommen, alle privaten Ärzte seien Dummköpfe und alle Gemeindekrankenhäuser seien untüchtig. Dabei ist es so, daß die Mehrzahl jener Patienten, bei denen die richtige Diagnose gestellt und eine entsprechende Behandlung durchgeführt wurden, im MGH gar nicht erst erscheint.
Zweitens ist kein medizinisches System vollkommen. Universitätskrankenhäuser können sich ebenso irren wie Gemeindekrankenhäuser oder Privatärzte. Daher freut sich jedes Bostoner Lehrkrankenhaus, von einem anderen Patienten zu bekommen und Diagnosen zu stellen, die von den anderen übersehen wurden. Im Falle von Mrs. Murphy kommt es also nicht auf eine Verherrlichung des Universitätskrankenhauses an, sondern vielmehr auf den Umstand, daß diese Frau mit ihrer schwer erkennbaren Krankheit und ihren ungewöhnlichen Symptomen neun Tage lang gründlich untersucht wurde, ehe eine endgültige Diagnose zustande kam. Sie wurde in eine Umgebung gestellt, die auf eine derart gründliche Arbeit vorbereitet ist. Eine große Anzahl von Personen, angefangen von den Medizinstudenten bis hin zum Chefarzt, untersuchten sie und trugen mit Empfehlungen zu ihrer Behandlung bei. Daraus ergab sich letztlich eine Diagnose, zu der es auf anderem Wege vielleicht nie gekommen wäre.

Auf der anderen Seite liegen – sowohl von den Patienten als auch von den Ärzten – einige klassische Klagen über das Lehrkrankenhaus vor. Es mißfällt den Patienten, wenn sie mehrfach untersucht werden und ihre Krankengeschichte immer wieder aufsagen müssen. Ärzte klagen darüber, die vorwiegend akademische Ausrichtung des Lehrbetriebs führe zu einer Übertreibung der Labortests, zu einer unnötigen Vielzahl diagnostischer Verfahren, einer Behandlung, die nicht schlagkräftig genug sei, zu langen Krankenhausaufenthalten und letztlich zu einer Überteuerung der Versorgung des Patienten. Zweifellos sind einige dieser Klagen berechtigt.

So ist es beispielsweise leicht, sich über die Proteste eines Patienten mit einer unbekannten Krankheit hinwegzusetzen, der etwas gegen zu viele Untersuchungen durch zu viele verschiedene Leute hat. Es liegt in seinem eigenen Interesse, von jedem untersucht zu werden, zumindest bis zur Stellung einer einwandfreien Diagnose. Anders liegen die Dinge jedoch bei den Klagen eines Patienten, der vielleicht – ohne es selbst zu wissen – der »klassische Fall« einer weder seltenen noch ungewöhnlichen Krankheit ist. Ein intelligenter Patient mit ausgeprägten Magengeschwüren hat es vielleicht mit einer großen Anzahl von Studenten zu tun, die ihm vom Professor mit der Bemerkung zugeführt werden: »Bei Mrs. Jones haben wir es mit einer ausgezeichneten Krankengeschichte und einwandfreien Untersuchungsergebnissen zu tun.« Schlimmer noch: Beklagt sich der betreffende Patient bei einem Assistenzarzt, so kann dieser über die Beschwerde noch nicht einmal befinden. Niemand hält fest, wie viele Studenten einen bestimmten Patienten aufsuchen. Deshalb kann auch niemand sagen, ob er gegen zwei oder zwanzig Besuche protestiert. Trotzdem ist es so, daß die meisten Patienten nicht allzu viele Studenten zu Gesicht bekommen.

Ein hoher Prozentsatz von ihnen weiß gar nicht, wie ein Student aus der Nähe aussieht.

Die Frage übertriebener oder unnötiger Untersuchungen ist schwer zu beantworten. Wer in einem Krankenhaus arbeitet, hat sicher schon Patienten erlebt, an denen unter dem Vorwand einer »gründlichen« Untersuchung zu viele Tests vorgenommen wurden. Jeder war schon Zeuge diagnostischer Verfahren, die eingeleitet wurden, wenn ein Assistenzarzt auch nur den geringsten Anlaß dazu erblickte. Diese Fälle sind zwar selten, aber man vergißt sie nicht.

Oft liegen die Dinge viel schwieriger. Sie treten in dem folgenden Wortwechsel zwischen einem besonders sturen Studenten und einem besonders sturen Oberarzt zutage. Der fragliche Patient hatte ein blockierendes Lungenleiden mit fortgeschrittenem Emphysem. Er mußte ständig künstlich beatmet werden.

Oberarzt: »Glauben Sie, wir sollten uns bei diesem Patienten zu einem Herzkatheter entschließen und den pulmonaren Keildruck ermitteln?«
Student: »Nein.«
Oberarzt:»Fällt Ihnen irgendeine zusätzliche Information ein, die wir vom Druck im Lungenkeil ableiten können?«
Student: »Nein.«
Oberarzt: »Wir wissen tatsächlich, daß ein akutes Emphysem sehr viel ernster ist, wenn wir einen erhöhten Keildruck feststellen.«
Student: »Ändert das etwas an Ihrer Therapie?«
Oberarzt: »Ich denke, diese Überlegung spielt hier keine Rolle.«
Student: »Bei einer Katheterisierung der Lungenarterien müssen wir eine gewisse Sterblichkeitsrate einkalkulieren.«
Oberarzt: »Ja, aber sie liegt sehr niedrig.«
Student: »Sie existiert aber. Wie wollen Sie einen solchen Eingriff rechtfertigen, wenn sich dadurch an Ihrer Therapie doch nichts ändert?«
Oberarzt:»Sie können wohl kaum ohne weiteres behaupten, daß sich dadurch an unserer Therapie nichts ändern würde.«
Student: »Inwiefern würden Sie die Therapie ändern?«
Oberarzt: »Auf lange Sicht. In unserem Labor nehmen wir beispielsweise VD/VT-Messungen vor, was andere Labors nicht können. Wir fanden sie sehr nützlich.«
Student: »Dieser Mann hat ein Emphysem. Er ist dreiundsiebzig. Er liegt im Sterben.«
Oberarzt: »Dennoch sind wir verpflichtet, aus diesem Fall soviel wie nur möglich zu lernen.«
Student: »Aber es wird ihm nichts helfen.«
Oberarzt: »Die Station für künstliche Beatmung hat eine mehrfache Aufgabe. Wir befassen uns gleichzeitig mit Forschung und Therapie.«
Student: »Werden Sie dem Patient mitteilen, daß ihm die Prozedur nicht helfen wird und daß sie nur aus Neugier durchgeführt werden soll?«
Oberarzt: »Ich würde das nicht Neugier nennen.«
Student: »Sie haben also ein formelles Experiment laufen? Ein Protokoll? Der Patient ist Bestandteil einer festen Untersuchungsreihe?«
Oberarzt: »Nein, aber wir sammeln Angaben. Hier stehen alle Patienten der Forschung zur Verfügung.«

Die vielleicht verbreitetste Kritik an den Akademikern lautet: »Die Herren Doktoren interessieren sich nicht für Patienten, sondern nur für Krankheiten.« Das ist ein harter Vorwurf und noch dazu ein sehr alter. Oliver Wendell Holmes erklärte 1867, er wolle keinen Forscher und Kliniker zum Arzt haben: »Ich brauche einen ganzen Mann als Arzt, keinen halben!« Als Lehrer konnte Holmes sehr grob mit der akade-

misch-medizinischen Lehre umspringen: »Was trichtert ihr bloß den jungen Männern ein, die das Leben der ganzen Gemeinde in den Händen halten sollen? Ein Mann ist in einem Anfall zu Boden gestürzt; ihr könnt mir zwar alles über die acht Flächen der beiden Höcker des Gaumenbeins erzählen, aber keiner ist so vernünftig gewesen, dem Mann die Halsbinde zu lockern, und die alten Weiber schimpfen euch immer noch Narren.«
Sicherlich treten bei einem Forscher-Kliniker Loyalitäts- und Interessenkonflikte auf. Ein Spezialist für den Magen-Darm-Kanal wird eigens hinzugezogen, um etwas über die Bauchorgane eines Patienen zu sagen; in gewisser Weise wird er sich mehr für den Bauch des Patienten als für ihn selbst interessieren. Die Folge mag sein, daß es der Patient in einem Universitätskrankenhaus mit einer ganzen Reihe von Leuten zu tun bekommt, die sich mehr für seine Leiden als für ihn selbst interessieren. Der Patient wird hervorragend, aber unpersönlich versorgt – falls das nicht ein Widerspruch in sich selbst ist.

Die Akademiker bestreiten ganz entschieden, daß die Konzentration auf die Krankheit je zu einer schlechten Versorgung führen könne. Dennoch ist es bestürzend, daß im MGH beispielsweise die Totenvisite, bei der einst die gesamte Behandlung im Hinblick auf die Frage besprochen wurde, ob man nicht doch noch mehr für ihn hätte tun können, heute fast ganz den Akademikern überlassen wird. Man diskutiert die Krankheit des Patienten, aber nicht ihn selbst. Das trifft allerdings nur auf die innere Medizin zu; in der Chirugie und bei den komplizierten Fällen wird immer noch der Behandlungsablauf durchgesprochen. Die chirugische Abteilung ist im allgemeinen pragmatischer und weniger akademisch ausgerichtet als die innere; daraus ergeben sich zwischen den beiden Gruppen immer wieder Spannungen.

Alles in allem gelangt man zu dem Schluß, daß die Versorgung des Patienten in der Universitätsklinik nicht besser oder schlechter ist als in einem anderen Krankenhaus, sondern eben anders. Einigen Patienten wird dieser Unterschied mehr zugute kommen, anderen weniger. Ein Patient mit einer unbestimmbaren Krankheit kann nichts Besseres tun, als sich in ein Universitätskrankenhaus zu begeben, wo sein Fall endlos überlegt und hin und her diskutiert wird. Ein Patient mit einem alltäglichen, wohlbekannten Leiden bekommt von einem privaten Arzt in einer nicht-akademischen Institution vielleicht eine raschere und praktischere Behandlung.

Das alles scheint dafür zu sprechen, daß man die Universitätsklinik in ein Spezialkrankenhaus für schwierige Fälle umwandeln sollte. Vielfach geschieht das bereits. Aber diese Verlagerung muß man aus zwei Gründen bedauern.

Erstens hört damit die Forschung der verbreitetsten und damit wohl auch

wichtigsten Krankheiten auf. Das wäre unklug. Es ist in der Geschichte der Medizin schon häufig genug vorgekommen, daß sich ein Forscher längst bekanntes Terrain vorgenommen und etwas Neues, Bedeutsames entdeckt hat. Reginald Fitz befaßte sich mit der Perityphlitis und entdeckte dabei die Appendizitis; er griff damit entscheidend in die Geschichte der Chirugie ein.
Zweitens wird die Gemeinde, in der sich das Krankenhaus befindet, einfach ignoriert. Das spüren die Bürger sehr bald und wehren sich dagegen, daß die Leute im Krankenhaus zwar bei Onkel Joes unaussprechlicher lateinischer Krankheit Großes geleistet haben, daß man sie aber mit Klein Sallys Mittelohrentzündung nicht belästigen darf.

Welche Aufgabe hat das Krankenhaus zu erfüllen? Ursprünglich gab es auf diese Frage eine ganz klare Antwort: Es hatte alle Bedürftigen zu versorgen, die die Initiative aufbrachten, sich in Behandlung zu begeben. Im Laufe der Zeit wurde Boston immer größer, bis man schließlich als Standortgemeinde des Krankenhauses nicht mehr die ganze Stadt, sondern nur noch einen Teil davon, nämlich das sogenannte North End, betrachten konnte. Hier leben vorwiegend Arbeiter italienischer und irischer Herkunft, und man stößt überall auf echte Armut.
Doch das Krankenhaus ist niemals von seiner passiven Haltung abgerückt, einer Tradition, die sich bis zurück in die griechische Zeit verfolgen läßt. Man erwartet von den Patienten, daß sie ins Krankenhaus kommen und nicht umgekehrt. Das Krankenhaus wird zwar niemals einen Menschen von seiner Schwelle weisen, aber es wird sich andererseits auch nicht aktiv um die Krankheiten der Bürger kümmern. Unter dem Einfluß der Technologie ist das Krankenhaus in den letzten zwanzig Jahren noch passiver geworden, da es sich immer mehr den bekannten akuten Erkrankungen zuwendet und dabei die vorbeugende Medizin so gut wie ganz vernachlässigt.
Aber die Rolle des Krankenhauses wird sich in dem Maße ändern, wie die Erwartungen der Öffentlichkeit über ihre ärztliche Versorgung steigen. Alexander Leaf, Chefarzt für innere Medizin, meint dazu: »Lange Zeit – schon seit Hippokrates – haben wir uns bei der Ausbildung der Ärzte um keinerlei breite soziale Verpflichtung gekümmert. Man absolvierte sein Studienprogramm, sei es in einer Hochschule oder als Lehrling bei einem praktischen Arzt, dann hängte man seine Tafel an die Tür und behandelte jeden, der bezahlen konnte. Das akzeptiert die Gesellschaft heute nicht mehr. Sie stellt an den Arzt höhere Anforderungen.«
Er fährt dann fort: »Ich glaube, wir müssen die funktionelle Struktur des Krankenhauses verändern, wenn es die nächsten zwanzig Jahre überdauern soll.«

Dabei wird vorausgesetzt, daß das Krankenhaus von heute alles, was es macht, gut macht. Aber es tut eben nicht genug, und die Zeiten ändern sich. Galbraith meint dazu: »Einen Wandel muß man voraussehen, oder man fällt ihm zum Opfer.«
Das Krankenhaus kann nicht länger eine karitative Zuflucht für Arme bleiben, denn die Armen, die ihre Rechnungen nicht bezahlen können, sterben aus.
Das Krankenhaus kann nicht länger eine Hochburg technologischer und wissenschaftlicher Spitzenleistungen für einige wenige bleiben, wenn auf der anderen Seite die Kluft zwischen der großartigen Versorgung der eingelieferten Patienten und dem Elend draußen in der Provinz immer breiter wird.
Dr. John Knowles, der Direktor des Krankenhauses, bemerkt dazu: »Als ich kürzlich die innere Medizin visitierte, litten die ersten fünf Patienten, die mir präsentiert wurden, durch einen seltsamen Zufall alle an ein und derselben Krankheit. An diesem Beispiel zeigt sich, wie weltfremd wir hier sind. In allen fünf Fällen handelte es sich um ältere chronische Alkoholiker mit massiven Magen-Darm-Blutungen und Leberschäden im letzten Stadium. Alle fünf lagen im Koma, und wir boten bei der Behandlung alles auf, was die Medizin überhaupt zu bieten hat: Infusionen, Venenkatheter, Tracheotomien, positive Druckbeatmung, Absaugung, Seng-Schläuche und so weiter. Die fünf wurden rund um die Uhr von Ärzten, Studenten und Krankenschwestern umsorgt. Fachärzte aller Richtungen wurden zur Konsultation herangezogen. Die Behandlung kostete fünfhundert Dollar pro Tag, und das Woche um Woche . . . Natürlich bin ich der Auffassung, daß die Behandlung angebracht war und daß ein großes Krankenhaus genau der richtige Ort für so schwierige Fälle ist. Aber wenn man den ganzen rostfreien Stahl, die vielen Rohre, Schläuche und komplizierten Geräte betrachtet, muß man doch unwillkürlich an die Leute draußen vor der Tür denken, die unter TB leiden und keine Antibiotika bekommen, an die Kinder, die nicht geimpft werden, an die Frauen, die während der Schwangerschaft nicht einmal untersucht werden . . . Ich glaube, daß wir auch gegenüber diesen anderen eine Verantwortung tragen.«
Das Krankenhaus hat eine neue Aufgabe: Es muß mit seinen Möglichkeiten eine größere Breitenwirkung erzielen und seine traditionelle Passivität preisgeben. Der erste Schritt dazu war die Einrichtung eines Ambulatoriums in Charlestown, einem Elendsviertel mit rund 16 000 Einwohnern. Diese Art von »Satelliten-Klinik« wird heute in medizinischen Kreisen ausführlich diskutiert.
Dr. Leaf: »Das Charlestown-Projekt ist insofern interessant für uns, weil wir daraus lernen können, ob sich nicht die Art unserer Dienstleistung

von Grund auf ändern läßt. Ich muß mir von Kollegen in der Medizinischen Fakultät immer wieder sagen lassen, daß noch keine Satelliten-Klinik funktioniert habe. Sie behaupten, dort existiere nicht dasselbe Interesse an der Forschung wie in einem Krankenhaus. Sie sagen, man fände keine Ärzte für solche Zweigstellen. Na schön, dann müssen wir eben ein paar junge Ärzte auftreiben, die ihre Forschungsaufgabe darin sehen, Mittel und Wege der Arbeit in der Provinz und einer besseren Versorgung der Bevölkerung zu finden, anstatt im Krankenhaus selbst beispielsweise die Physiologie des Verdauungsorgans zu ergründen.«

Auf jeden Fall wird sich die Universitätsklinik gezwungen sehen, das aufzugeben, was Dr. Knowles »die gegenwärtige defensive Isolierung . . . in einer Bastion der spezialisierten, technisierten, nur auf die Heilung akuter Erkrankungen ausgerichteten Medizin« nennt. Eine solche Umstellung mag tiefgreifende Auswirkungen auf den internen Aufbau des Krankenhauses haben, aber das Ergebnis wird heilsam sein.

Im Jahre 1896 nannte Dr. Harvey Cushing das MGH »unsere kleine Welt«, und er meinte das ganz wörtlich. Es war tatsächlich eine kleine Welt, und es war »unsere« Welt; das Krankenhaus gehörte den Ärzten und nicht den Patienten. Die Ärzte bedienten die feststehenden Einrichtungen dieser Welt. Die Patienten waren nur Passanten, die kamen und gingen. Die Patienten sind sich durchaus der Tatsache bewußt, daß das Krankenhaus für die Ärzte und nicht für sie selbst da ist. Sie berichten oft, daß sie sich wie »Tiere in einem Zoo« vorkämen. Fast jeder schreibgewandte Patient, der seine Erfahrungen in einer Universitätsklinik zu Papier brachte – angefangen von dem verstorbenen Philip Blaiberg – , erwähnt diesen bedenklichen Eindruck.

Dabei war das Krankenhaus ursprünglich als eine kleine Welt für die Patienten gedacht, die all ihre Bedürfnisse erfüllen sollte. Damals gab es noch kaum Krankenhausärzte. Aber das Krankenhaus hat sich auch für die Ärzte zu einer in sich geschlossenen Welt entwickelt. Wie könnte es auch anders sein, wo doch auf je vier Patienten ein Angestellter entfällt und die Mitarbeiter fast ebensoviel Zeit im Krankenhaus verbringen wie die Patienten.

Auf einen Assistenzarzt kann die Vollständigkeit dieser Welt mit ihren Schlafräumen, Büchereien, Cafés, Kantinen, mit Kapelle, Postamt, Wäscherei, Tennisplatz, Drugstore, Kiosk und Zeitschriftenstand, verbunden mit der sehr intensiven Ausbildung – der durchschnittliche Assistenzarzt verbringt pro Woche 126 Stunden im Krankenhaus –, eigenartige Auswirkungen haben. Er kann dabei durchaus vergessen, daß sich dieses Krankenhaus mitten in einer größeren Gemeinschaft befindet und daß es die Hauptaufgabe des Krankenhausaufenthalts ist, den Patienten wieder in diese größere Gemeinschaft einzugliedern. In dieser Hinsicht gleicht das Krankenhaus zwei anderen Institutionen, die ebenfalls zum Teil Gewahrsamsfunktionen ausüben: der Schule und dem Gefängnis. In allen drei Fällen mißt man den Erfolg zweckmäßigerweise nicht an der Leistung des einzelnen innerhalb des betreffenden Systems, sondern daran, wie er sich verhält, nachdem er es verlassen hat. Und in allen drei Fällen ist eine Tendenz zu beobachten, die im institutionellen Betrieb einen Selbstzweck sieht.

Das trifft sowohl auf die Ärzte als auch auf die Patienten zu. Das Ideal des Arzt-Wissenschaftlers, der Kliniker-Forscher, ist weitgehend ein Produkt akademischer Wertvorstellungen. Das Studium, das dieses Produkt hervorbringen soll, weist einige paradoxe Aspekte auf. Man könnte zum Beispiel die Frage aufwerfen: Worauf wird ein Medizinstudent überhaupt vorbereitet?

Die Antwort lautet zweifellos: Auf die Aufgaben eines Arztes in einem Universitätskrankenhaus. Ein guter Medizinstudent bekommt all das erforderliche Rüstzeug dafür mit: allgemeinwissenschaftliche Grundkenntnisse, einige klinische Erfahrung, Kenntnis der Fachpresse und eine akademische Denkweise.

Und wofür wird dann ein Jungarzt im Krankenhaus ausgebildet? Antwort: Man macht aus ihm einen akademisch orientierten, auf die Behandlung akuter Krankheiten spezialisierten Krankenhausarzt. Ähnliches behauptet Peter Drucker von den philosophischen und philologischen Fakultäten: Die Professoren für Englisch und Geschichte bilden keineswegs Humanisten aus, sondern auch eben wieder Professoren für Englisch und Geschichte.

Die institutionelle Medizin ist notwendigerweise stark wissenschaftlich orientiert und nicht psychologisch. Wie ein Oberarzt einmal verlangte: »Erzählen Sie mir etwas über die Nieren des Patienten und nicht über seine Eheprobleme!« Er hatte recht: Das Krankenhaus ist darauf eingestellt, seine Nieren zu behandeln und nicht den Streit mit seiner Frau beizulegen.

Aber die große Mehrheit aller im Krankenhaus praktizierenden Ärzte schlägt nicht die akademische Laufbahn ein, zumindest nicht hauptberuflich. Sie gehen hinaus ins Volk und beginnen eine Praxis, die sich in vielen Punkten von dem unterscheidet, was sie gelernt haben. Sie müssen erschrocken feststellen, daß 70 Prozent ihrer Patienten keine erkennbare Krankheit aufweisen; sie werden von »Spinnern« belästigt, bekommen verhältnismäßig akute Fälle zu Gesicht und weisen relativ wenig Patienten ins Krankenhaus ein. Kurzum: Von ihnen wird viel Psychologie und wenig Wissenschaft verlangt.

Diese Ärzte leiden sehr bald unter dem, was Grossman das »akute organische Studien-Syndrom« nennt. Die Ausbildung, die sie für ihre künftige Tätigkeit bekommen haben, stand unter dem Motto: »Wenn sie mit den Problemen fertig werden, denen sie im Krankenhaus begegnen, dann können sie alles.« Das trifft ganz offensichtlich nur auf solche Krankheiten zu, die wissenschaftlich beschrieben und medizinisch heilbar sind. Patienten mit anderen Beschwerden sind vermutlich besser dran, wenn sie sich an einen mitfühlenden Nachbarn wenden.
Hinter allem steht die Erkenntnis, daß man wohl moderne, wissenschaftlich fundierte Medizin lehren kann, aber nicht unbedingt jene kaum faßbare, amorphe ärztliche »Kunst«. Bis zu einem gewissen Grad stimmt das auch. Aber es bedeutet noch lange nicht, daß man nur einem erfahrenen Arzt zuzusehen braucht, wie er fünf oder zehn Patienten in der Woche untersucht, und schon über eine ausreichende Grundlage zur seelischen Behandlung des Patienten verfügt.
Was ein Assistenzarzt über die medizinische Wissenschaft weiß, hat er in Kursen, bei Visiten, in Seminaren und durch ausgiebige Lektüre gelernt; seine Kenntnisse in Verhaltensweisen, Psychiatrie, Psychologie oder Soziologie sind davon abhängig, wie viel oder wie wenig er nebenbei aufschnappen konnte. Im allgemeinen ist das jämmerlich wenig. Ein mir bekannter Facharzt für Psychiatrie hat sich beim *Haus-Stab* der Krankenhäuser, in denen er praktizierte, dadurch beliebt gemacht, daß er jeden Assistenzarzt, der ihm über den Weg lief, bat, ihm in einem einfachen Satz den Unterschied zwischen Neurose und Psychose zu erklären. 15 Prozent der Befragten wußten ungefähr Bescheid. Alle übrigen waren erschreckend ahnungslos. Wenn ein Arzt den Unterschied zwischen Neurose und Psychose nicht kennt, so bedeutet das noch nicht, daß er ein schlechter Arzt ist. Auch wenn er diesen Unterschied nicht definieren kann, ist doch denkbar, daß er in seiner Praxis beide Störungen sehr geschickt behandelt. Es ist aber ein klarer Beweis dafür, daß seine psychologische Ausbildung unzulänglich war. Es bleibt die Frage offen, ob eine solche Ausbildung ratsam wäre und ob die Patienten davon profitieren würden. Es läßt sich schwer abschätzen, wieviel Zeit ein Mediziner als Student, Praktikant und Assistenzarzt mit dem Studium der Psychologie zubringt. Das formelle Studium, bestehend aus Vorlesungen, Visiten, Dienst bei der Wohlfahrt und dem psychiatrischen Klinikum im Krankenhaus, macht vermutlich nicht mehr als ein bis zwei Prozent seiner Zeit aus. Was er informell darüber lernt, läßt sich unmöglich sagen.
In den Medizinischen Fakultäten macht sich eine zunehmende Tendenz bemerkbar, mehr formelle Ausbildung in Psychologie zu bieten. Aber diesen Bemühungen steht eine starke Opposition gegenüber. John

Knowles hat darauf hingewiesen, daß sich die Medizin an der Universität als vollgültige Disziplin nicht wegen ihrer sozialwissenschaftlichen Fortschritte, sondern wegen ihrer Entdeckungen auf naturwissenschaftlichem Gebiet durchgesetzt hat.
Fast ein Jahrhundert lang war die Naturwissenschaft die Fundgrube, und das Studium der menschlichen Verhaltensweisen mußte sich mit einer zweitrangigen Stellung begnügen. Es wird nicht leicht sein, diese eingefahrenen Gleise zu verlassen.
Natürlich verfügt das Krankenhaus über ein Ambulatorium und eine Unfallstation, wo es zu einer engeren Berührung zwischen Krankenhaus und Gesellschaft kommt. Aber die Angliederung von Satelliten-Kliniken, die räumlich getrennt vom Krankenhaus arbeiten, wird höchstwahrscheinlich auch die psychologische Einstellung jener Ärzte verändern, die im physischen Rahmen des Krankenhauses selbst arbeiten.
Niemand kann sagen, ob sich die Satelliten-Kliniken bewähren werden. Dafür ist es noch zu früh. Zwei Probleme gilt es dabei zu überwinden: den WIderstand der Ärzte einerseits und den Widerstand der Gemeinde andererseits. Aber sollten sich diese Kliniken als ungeeignet erweisen, muß ein anderer Weg gefunden werden. Zur Zeit hat man den Eindruck, daß die Gesellschaft einen ausreichend starken Druck ausübt, um eine echte Suche nach neuen Methoden der Dienstleistung zu garantieren.

Der Begriff des »auf den Patienten ausgerichteten Krankenhauses« ist heute sehr in Mode. Man hört diese Phrase immer wieder, obgleich die Idee keineswegs neu ist. Die Öffentlichkeit weiß seit langem – mindestens seit fünfundzwanzig Jahren –, daß Krankenhäuser nur dann auf ihre Patienten und ihre Bedürfnisse zugeschnitten werden, wenn diese Bedürfnisse nicht die Bequemlichkeit der Ärzte stören. Warum das so ist, leuchtet ebenfalls ein: Wird ein neues Krankenhaus gebaut, dann zieht man beim Entwurf die Ärzte zu Rate und nicht die Patienten.
Über diese Dinge wurde unter Ärzten, Patienten, Technikern, Innenraumgestaltern, Architekten und zahllosen anderen Leuten schon viel geredet – aber es ist dabei nur sehr wenig an echten Neuerungen und Experimenten herausgekommen. Für die Mehrzahl aller Krankenhäuser gelten immer noch die klassischen Klagen:
Es fällt schwer, sich an das Krankenhaus zu gewöhnen. Einzelpersonen werden von draußen hereingeholt und in ein für sie vollkommen fremdes Dasein gestoßen, in eine Welt mit neuen Stundenplänen, neuem Essen, neuen Regeln, neuer Kleidung, neuer Ausdrucksweise, neuen Geräuschen und Gerüchen, Ängsten und Belohnungen. Dem Patienten, der in diese neue Umgebung gelangt, stehen keine Fremdenführer, keine Anleitungen zur Verfügung. Wer einen fernen Kontinent besucht, kann

sich im voraus besser informieren als jemand, der sich ins »Ausland« des Krankenhauses wagt.

Bei den Krankenhausbauten werden physische Faktoren außer acht gelassen, die den Genesungsprozeß beschleunigen könnten. Die Farben sind nüchtern und wirken oft nicht erholsam, sondern deprimierend. Die Raumaufteilung ist mangelhaft – der Patient kann entweder in einem riesigen Saal oder in einem viel zu kleinen Zimmerchen landen. Patienten der ersten und zweiten Klasse fühlen sich in ihren Privatzimmern oft isoliert. Bei einer Untersuchung im Montefiore Hospital stellte sich heraus, daß sich die Angehörigen von Dritter-Klasse-Patienten stets um eine Verlegung in Privatzimmer bemühen, daß aber die Patienten selbst lieber in den Krankensälen bleiben, weil sie dort mit anderen Menschen in Berührung kommen. Die Fenster sind ungünstig angeordnet; meist bieten sie nur einen Blick auf das gegenüberliegende Klinikgebäude oder den Parkplatz.

Das Krankenhaus stellt psychologische Forderungen, die den Genesungsprozeß verzögern können. Stanley King zählt einige davon auf: Abhängigkeit von einer strengen Krankenhausroutine, Mißachtung äußerer Macht und sozialen Prestiges, ein dickes Fell gegenüber Leid und Schmerzen, die selbstverständliche Erwartung, daß der Patient von sich aus gesund werden will. Damit wird oft das Gegenteil der erstrebten Wirkung erzielt. Ein stolzer, selbstbewußter Mann kann seine passive Rolle als ebenso bedrohlich empfinden wie seine Krankheit. Ein anderer Patient kann so abhängig werden, sich so weit in einen kindlichen Seelenzustand zurückziehen, daß er zu einem weinerlichen Jammerlappen wird und weniger Schmerzen ertragen kann, als er unter normalen Umständen aushalten würde. Oder er kann diese Abhängigkeit so sehr genießen, daß er gar nicht mehr gesund werden will.

Dem könnte man entgegenhalten, daß die große Mehrheit aller Patienten trotzdem die Anpassung an das Krankenhaus schafft, gesund wird und wieder nach Hause entlassen werden kann. Das stimmt zwar, gleicht aber ein wenig der Feststellung, daß die Welt auch ganz gut ohne Elektrizität ausgekommen ist – was ebenfalls zutreffend ist.

Aber setzen wir einmal die Gültigkeit all dieser Klagen voraus, nehmen wir an, die Patienten würden sich in einer anders gestalteten Umgebung tatsächlich schneller erholen – wie müßte eine solche Umgebung dann beschaffen sein? Auf diesem Gebiet gibt es ein breites Spektrum von Vorschlägen, angefangen von bescheidenen Änderungen bis hin zu radikalen Umstellungen.

Die radikalste und vielleicht auch interessanteste Empfehlung entspringt einer simplen Beobachtung: Das moderne Krankenhaus eignet sich am besten für die Schwerkranken. Diese Patienten erdulden die Kranken-

hausroutine mit all ihren Demütigungen, Ärgernissen und Schwierigkeiten am ergebensten.
Andererseits beobachtet man häufig, daß Genesende mit zunehmender Besserung ihres Befindens immer unduldsamer werden. Dieses Phänomen ist so bekannt, daß die Ärzte aufhorchen, wenn ein bislang sehr geduldiger Patient beginnt, sich über das Essen und nächtliche Ruhestörungen zu beschweren. Dieses Nörgeln wird als sicheres Zeichen für die beginnende Genesung gewertet. Im Zusammenhang damit steht das sogenannte »Lippenstift-Anzeichen«: Damit wird auf die Tatsache angespielt, daß Frauen wieder Lippenstift auflegen und sich morgens kämmen, sobald sie sich wohler zu fühlen beginnen. Geht man der Sache auf den Grund, so erkennt man, daß die Patienten Dinge tun, die von ihrer Umgebung nicht verlangt (Lippenstift) oder gar ausdrücklich abgelehnt (Nörgeln) werden. Dieses Tun entspricht mehr der Welt draußen und deutet darauf hin, daß sich der Patient innerlich bereits auf das Verlassen des Krankenhauses vorbereitet.
Wie kann man daraus Nutzen ziehen? Im Augenblick gar nicht. Das liegt daran, daß die Patienten derzeit nur nach drei Kriterien den jeweiligen Stationen zugeteilt werden: finanzielle Mittel, Geschlecht und vorgesehene Behandlung. Andere Attribute des Patienten spielen keine Rolle, nicht einmal die Diagnose. Patienten mit Magengeschwüren, Entzündungen der Bauchspeicheldrüse oder Krebs kommen z. B. in die innere oder in die chirurgische Abteilung, je nachdem, ob eine Operation vorgesehen ist oder nicht.
Die verschiedenen Stationen des Krankenhauses verfügen über eigene Krankenschwestern, eigenen *Haus-Stab*, eigene Chefärzte und ein eigenes Materiallager. Diese Art der Organisation findet man in den meisten amerikanischen Krankenhäusern, und sie weist unbestreitbar Vorzüge auf. Jahrelang wurde die Auffassung vertreten, daß man auf diese Weise den Patienten am besten den Behandlungsmöglichkeiten nahebringt, die er braucht.
Inzwischen sind jedoch alle drei Kriterien – Geld, Geschlecht und Therapie – ins Kreuzfeuer der Kritik geraten: das Geld, weil die Kostenübernahme durch Dritte eine finanzielle Differenzierung überflüssig macht; das Geschlecht, weil die Unterbringung aller Patienten in Erster-Klasse- oder Zweiter-Klasse-Zimmern eine Trennung nach Stationen oder ganzen Stockwerken überflüssig macht; die Therapie, weil von verschiedenen Seiten der Einwand kommt, man solle die Unterscheidung zwischen innerer und chirurgischer Abteilung zugunsten einer Aufteilung nach der Schwere der Krankheit und den Erfordernissen intensiver ärztlicher Betreuung und Pflege fallenlassen.
Nach dem neuen System würden sowohl Patienten der inneren wie auch

der chirurgischen Abteilung gemischt in Stationen liegen, die sich durch die Intensität der Pflege unterscheiden: Intensivpflege, Genesendenpflege, Minimalpflege und so weiter. Je nachdem, ob es den Patienten besser oder schlechter geht, würden sie dann innerhalb des Krankenhauses verlegt werden.

Gewisse psychologische Vorteile für die Patienten sind dabei nicht zu übersehen. Sie kämen mit fortschreitender Genesung in andere Abteilungen des Krankenhauses, wo man ihr Selbstbewußtsein stärken und sie ermutigen würde, eigene Kleidung zu tragen, sich weitgehend selbst zu versorgen, zum Essen in die Kantine zu gehen und so weiter. An jedem Punkt ihres Krankenhausaufenthalts wären sie von Leidensgenossen umgeben, die gleich schwer krank sind wie sie. Ihre Pflege wäre abgestuft, da das Krankenhaus ihnen ein ganzes Spektrum von Versorgung und genauer Beobachtung bieten könnte.

Bis zu einem gewissen Grad führen die Krankenhäuser schon heute eine solche Trennung mit den Intensivpflege-Stationen und Genesendenabteilungen durch. Es gibt schon Intensivpflege-Stationen, spezialisiert auf künstliche Beatmung, Kontrolle der Herztätigkeit, neurologische, chirurgische und medizinische Versorgung, Sonderabteilungen für Transplantations-Patienten, für Kinder und schwere Verbrennungen. Aber es könnte noch mehr getan werden. Daß dies gerade auf diesem Gebiet geschehen wird, läßt sich mit hoher Wahrscheinlichkeit voraussagen. Der Grund wird nicht das Interesse des Krankenhauses an der Psyche des Patienten sein – ein solches Interesse ist nicht vorhanden –, sondern die Überlegung, daß eine abgestufte Versorgung der Patienten wirtschaftlicher ist.

Zur Zeit entfallen auf die reine Krankenpflege rund 30 Prozent der Tagessätze. Das macht im MGH durchschnittlich rund 22 Dollar pro Tag und Zimmer aus. Dieser Prozentsatz dürfte sich auch in Zukunft kaum erhöhen, aber die absoluten Kosten werden sicherlich steigen. Man wird sich eines Tages dazu entschließen müssen, dem einzelnen Patienten nur so viel an Pflege angedeihen zu lassen, wie er unbedingt benötigt. Das heutige unrationelle System des Personaleinsatzes wird dann so kostspielig werden, daß man es nicht länger beibehalten kann.

Auch unter den Ärzten könnte eine strukturelle Umstellung zu einer Rationalisierung führen. Betrachten wir nur die Anästhesisten: Im Laufe des letzten Jahrzehnts haben sie sich zu Experten für die Aufrechterhaltung lebenswichtiger Funktionen entwickelt. Sie werden bei jedem Atmungs- und Herzstillstand hinzugezogen; sie verstehen mehr von Medikamenten als sonst jemand; sie sind Fachleute auf dem Gebiet der Beatmung. Fast jeder Arzt würde sich der Meinung anschließen, daß es praktisch sei, in der Intensivpflege-Station einen Anästhesisten zur Hand

zu haben. Heute sind sie jedoch noch über das ganze Krankenhaus verstreut. Durch eine Umorganisation nach der Schwere der Krankheit könnte man die so wichtigen Anästhesisten weitaus effektiver einsetzen. Aber das »Menschenmaterial« stellt nur ein Argument zugunsten einer strukturellen Änderung dar. Ein weiteres gewichtiges Argument sind Geräte und technische Einrichtungen. So braucht man beispielsweise bei einem Herzinfarkt und bei der Nachbehandlung eines operierten Herzpatienten fast dieselben elektronischen und mechanischen Anlagen. Wenn mit der Zeit größere, universellere Apparaturen verfügbar werden, muß die Zusammenlegung von Patienten mit ähnlichen technischen Erfordernissen immer vorteilhafter werden, damit der Einsatz gewisser kostspieliger Einrichtungen und des eigens dafür ausgebildeten Fachpersonals zentralisiert werden kann.
Die Konzentration von Patienten, Personal und Geräten hat sich in Intensivpflege-Stationen für Herzkranke bereits gut bewährt. In manchen Abteilungen konnte die Sterblichkeitsrate bei Herzinfarkten um 30 Prozent gesenkt werden. Wir erleben heute schon die Ausbreitung solcher Spezialabteilungen, und sie wird sich zweifellos fortsetzen. Von hier bis zu einer völligen Umgestaltung des ganzen Krankenhauses nach neuen Gesichtspunkten ist es nur ein kleiner Schritt.

Nachwort

Das moderne Krankenhaus setzt zwar eine uralte Tradition fort, aber in seiner jetzigen Gestalt ist es nur knapp fünfzig Jahre alt.

In dieser heutigen Form wird es sich allerdings auch höchstens noch zehn Jahre halten können. Dann werden mit ziemlicher Sicherheit die Veränderungen das Gleichgebliebene überschatten. Es ist damit zu rechnen, daß sich diese Veränderungen nicht nur auf eine verbesserte Technik und eine andere Ausbildung des Personals beziehen werden. Bestimmt wird sich auch die Funktion des Krankenhauses ändern, wie sie sich bereits im letzten halben Jahrhundert geändert hat.

Innerhalb dieses Zeitraums hat sich das Krankenhaus zu einer positiv ausgerichteten Heilstätte entwickelt, spezialisiert auf hochentwickelte technische und medizinische Prozeduren. Diese Funktion dürfte das Krankenhaus auch weiterhin beibehalten. Aber gewisse andere Funktionen wird es im Laufe der Zeit aufgeben müssen. Es wird beispielsweise kein Aufenthaltsort für Genesende mehr sein, weil sich bessere, spezialisierte Genesungsheime etablieren werden. Es wird die Einlieferung zu Diagnosezwecken auf jene Fälle beschränken, in denen ein Krankenhausaufenthalt unumgänglich ist. Die Funktion des Krankenhauses als Bewahranstalt wird bereits eingeschränkt und schon bald völlig verschwunden sein – dann können junge Paare ihren Opa nicht mehr für das Wochenende »abliefern«, um sich ein paar schöne Stunden allein zu machen, und man wird keine Alkoholiker und Landstreicher mehr aufnehmen, nur weil man nicht weiß, wohin mit ihnen. Diese Voraussagen darf man mit einiger Zuversicht wagen, weil ihre Grundlage wirtschaftlicher und nicht philosophischer Natur ist. Die heutigen Krankenhäuser werden so kostspielig, daß finanzielle Erwägungen schon bald zum bestimmenden Faktor für die Funktion werden müssen.

Eine geringere Gewißheit besteht hinsichtlich jener neuen Aufgaben und Verantwortlichkeiten, die das Krankenhaus der Zukunft übernehmen soll. Auf diesem Gebiet wird der Druck größtenteils vom sozialen Bereich her ausgeübt, und seine Auswirkungen sind nicht ohne weiteres auszumachen. Der deutlichste und verbreitetste Trend dürfte die Erkenntnis sein, daß das Krankenhaus eine größere, über die eigenen Mauern hinausreichende Verantwortung für die Gemeinschaft zu tragen hat. Ein Lehrkrankenhaus wie das MGH fühlt sich schon heute sowohl gegenüber den eigenen Patienten als auch gegenüber der umliegenden Bevölkerung verpflichtet.

Diese neue Rolle wird so verstanden, daß erstens jene Patienten ausfindig gemacht werden müssen, die einer Krankenhausbehandlung bedürfen, sie aber nicht bekommen, und daß zweitens eine vorbeugende Behandlung erforderlich ist, um eine Einlieferung ins Krankenhaus überhaupt zu vermeiden.

Aber das Krankenhaus geht noch einen Schritt weiter. Es greift mit seiner Forschung und seinem Wissen über die Grenzen der eigenen Gemeinde hinaus in eine breitere Öffentlichkeit. In der Vergangenheit geschah dies durch Forschungsberichte, die in Fachzeitschriften abgedruckt wurden. Diese Methode wird sich auch weiterhin halten, daneben setzt das Krankenhaus jedoch heute zur Verbreitung seines Wissens und zur Nutzbarmachung seiner Möglichkeiten die direkteren Mittel des Fernsehens und der Computerprogramme ein.

Was die Patienten betrifft, so geschieht zur Zeit etwas sehr Seltsames. Vereinfachend könnte man sagen, daß sich die aufgeklärte Medizin dafür einsetzt, mehr Menschen eine bessere Versorgung zukommen zu lassen. Dieses Problem ist genauso riesig und genauso bedeutungsvoll wie die Heilung einer bestimmten Krankheit. Bei genauer Betrachtung geben sowohl Ärzte als auch Patienten der Befürchtung Ausdruck, der einzelne könnte nicht mehr als Individuum behandelt werden, sondern er werde in der Einsamkeit einer gesichtslosen Masse untergehen. Gleichzeitig wenden jedoch die Krankenhäuser, das traditionell unpersönlichste Glied in der Kette der Gesundheitsfürsorge, mehr Mühe denn je daran, das Krankenhaus so zu gestalten, daß ein jeder Patient wirklich individuell behandelt wird.

Auch auf das Medizinstudium dürften die Veränderungen in der Funktion des Krankenhauses schwerwiegende Auswirkungen haben. Während der letzten fünfzig Jahre hat sich die Ausbildung von Medizinern fast ausschließlich auf die Patienten im Krankenhaus und nicht auf jene außerhalb konzentriert. Aber wenn das Krankenhaus seine Mauern sprengt, wird es auch das Medizinstudium tun müssen.

Ein weiterer Punkt, der die medizinische Lehre betrifft, wird in öffentlichen Diskussionen zumeist übersehen. Es handelt sich dabei um ein Problem, um eine medizinische Gegebenheit, deren Ursprung sich sogar genau datieren läßt: Alles fing 1921 mit Banting und Best an. Die Entdeckung des Insulins durch diese beiden führte unmittelbar zur ersten Therapie bei einer ernsten, komplexen chronischen Krankheit, deren Ausführung in die Hände der Patienten selbst gelegt wurde.

Auch davor gab es schon chronische Erkrankungen, die einer Dauerbehandlung bedurften – Digitalis bei Herzschwäche oder Colchizin bei Gicht –, aber ein Patient, der regelmäßig diese Medikamente einnahm, brauchte nicht so vorsichtig zu sein und auch über den eigentlichen Krankheitsprozeß nicht so viel zu wissen. Das heißt, wenn er seine

Medizin unregelmäßig einnahm, kam es nur ganz allmählich zu Störungen, oder diese waren zumindest nicht lebensbedrohend.
Bei Insulin war das anders. Da mußte der Patient vorsichtig sein, weil er sonst innerhalb weniger Stunden sterben konnte. Seit der Entdeckung des Insulins sind eine ganze Reihe anderer Dauerbehandlungen entwickelt worden, die ebenso schwierig und folgenschwer sind und die beim Patienten ein genauso hohes Maß an Wissen und Verantwortung voraussetzen.
Daß die Patienten heute mehr von Medizin verstehen als jemals zuvor, liegt teils an diesen gesteigerten Anforderungen, teils an einer besseren Allgemeinbildung überhaupt. Nur ein sehr unsicherer und ausgesprochen dummer Arzt kann den Wunsch hegen, den Patienten von einem noch genaueren und tieferen Einblick in die Medizin abhalten zu wollen.
Betrachtet man medizinische Einrichtungen wie zum Beispiel das Krankenhaus, so wird noch deutlicher, wie wichtig eine aufgeklärte Öffentlichkeit ist. Die Krankenhäuser sind einem Wandlungsprozeß unterworfen. Dieser wird in Zukunft noch schneller, noch radikaler ablaufen. Ein guter Teil dieser Veränderungen wird eine Reaktion auf die sozialen Forderungen nach verbesserten Dienstleistungen sein.
Es ist von entscheidender Bedeutung, daß solche Forderungen von einer intelligenten und informierten Öffentlichkeit kommen.

Glossarium

Abrasion, Auskratzung, besonders der Gebärmutter bei Abort.

Akut, scharf, heftig, unvermittelt auftretend. Damit ist nichts über den Schweregrad der Krankheit ausgesagt. Das Gegenteil einer *akuten* Krankheit ist eine *chronische* Krankheit.

Aldolase, im Kohlenhydratstoffwechsel unentbehrliches → Enzym.

Alkalische Phosphate, → Enzym, das organische Phosphorsäureester in alkalischem Milieu spaltet; kommt in den meisten Zellen vor; ist im Blut bei vielen Knochen- und Lebererkrankungen erhöht.

Ampulle, kleiner Arzneibehälter, meist aus Glas.

Amylase, → Enzym, das in der Bauchspeicheldrüse und in anderen Organen vorkommt. Bei Erkrankungen dieser Drüse tritt es in erhöhter Blutkonzentration auf.

Amyloidose, Krankheit, für die eine Ablagerung von Amyloid (Eiweißkörper unbekannter Zusammensetzung) in verschiedenen Geweben charakteristisch ist.

Angiogramm, Röntgenaufnahme der Blutgefäße nach Injektion eines Kontrastmittels.

Antisepsis, Vernichtung von Krankheitskeimen in Wunden, auf dem Operationsfeld, auf den Händen des Operateurs, auf Instrumenten und Verbandstoffen durch chemische Mittel.

Arrhythmie, unregelmäßiger Herzschlag.

Atropin, Wirkstoff in der Tollkirsche (Atropa belladonna) und in anderen Nachtschattengewächsen; bewirkt Pupillenerweiterung, Hemmung der Speichel- und Schweißabsonderung, Erweiterung der Bronchien, Hemmung der Darmbewegungen.

Auskultation, Abhorchen bestimmter Körperstellen (Herz, Lunge, Darm).

Axialblockierung, Lahmlegung eines Nervs zur vorübergehenden Leistungsunterbrechung.

Azidose, überhöhter Säuregehalt des Blutes.

Bacteroides, → gramnegative Stäbchenbakterien mit abgerundeten Enden, die zu den Anaerobiern, den ganz oder zeitweise ohne Sauerstoff auskommenden Lebewesen, gehören.

Barium, ein Erdalkalimetall. Bariumsulfat, das Bariumsalz der Schwefelsäure, ist für Röntgenstrahlen undurchlässig und wird vom Verdauungsapparat nicht aufgenommen. Schluckt der Patient eine flüssige Aufschwemmung von Bariumsulfat, zeichnen sich Magen und Eingeweide auf dem Röntgenbild deutlich weiß ab und können leichter untersucht werden.

Bilirubin, gelb-braun-rötlicher Gallenfarbstoff, der beim Zerfall des Hämoglobin aus abgestorbenen roten Blutkörperchen entsteht. Wird normalerweise vom Körper ausgeschieden, kann sich aber bei verschiedenen Krankheiten ansammeln und Gelbsucht hervorrufen.

Biopsie, Entnahme und Untersuchung von Gewebeproben eines lebenden Organismus.

Blutdruck, wird in Millimetern Quecksilbersäule ausgedrückt. Üblicherweise handelt es sich dabei um den Blutdruck in der Armarterie. Man schreibt den Blutdruck in Form eines Bruches, also z. B. 120/80. Die erste Zahl drückt den systolischen Blutdruck aus, der in der Arterie als Höchstwert bei jeder Zusammenziehung des Herzmuskels auftritt. Die kleinere Zahl bezeichnet den diastolischen Blutdruck, der in der Arterie während der Erschlaffung des Herzmuskels herrscht.

Blutgase, Sauerstoff, Kohlendioxyd, Bikarbonat; die Messung der Blutgaswerte ist in der Diagnostik der Lungenfunktion und angeborener Herzfehler wichtig.

Blut-pH, pH-Wasserstoffexponent.

Blutzucker, Traubenzuckergehalt des Blutes, der bei gewissen Krankheiten, z. B. Diabetes mellitus (Zucker-Krankheit), erhöht sein kann.

Cephalotin, Antibiotikum aus dem Pilz Cephalosporium; wirkt im wesentlichen wie Penicillin.

Chloramphenicol, Breitbandantibiotikum gegen grampositive und → gramnegative Bakterien, besonders bei Typhus wirksam.

Cholangitis, Entzündung der Gallengänge und -blase.

Cholezystis, Entzündung der Gallenblase, meist verbunden mit → Cholangitis.

Coelia-Angiogramm, Röntgenaufnahme der Baucharterien.

Colchicin, Wirkstoff der giftigen Herbstzeitlosen; bewährt als Gichtmittel; da es auch die Zellteilung hemmt, wurde es als Krebsmittel ausprobiert, erwies sich aber als zu giftig.

Colistin, Antibiotikum mit besoFderer Wirksamkeit gegen Magen-Darm-Infektion.

CPK = *Creatin-Phospho-Kinase*, ein → Enzym, dessen erhöhte Konzentration im Blut auf Gewebezerstörungen, insbesondere des Herzmuskels, hindeutet.

Creatinin, Aminosäure, die dem Muskelstoffwechsel entstammt; ist im Blut erhöht bei Nierenversagen, Herzschwäche und Darmverschluß; wird mit dem Harn vermehrt ausgeschieden bei verschiedenen Muskelerkrankungen.

CSF = *Cerebrospinale Flüssigkeit*, Flüssigkeit, in der Gehirn und Rückenmark schwimmen.

Demerol = *Pethidin*, synthetisches Schmerzmittel, etwas schwächer als Morphium.

Diarrhoe, Durchfall.

Digitalis, Medikament zur Stärkung des Herzmuskels.

Diuretikum, harntreibendes Mittel.

Divertikulitis, meist Entzündung des Meckelschen Divertikels, einer kleinen Ausbuchtung im Darm.

DNA = *Desoxyribonucleinsäure*, als Kernsäure Träger der genetischen Information in den Chromosomen.

Duodenum, Zwölffingerdarm.

Dyspnoe, alle Formen von Atemstörung.

EKG = *Elektrokardiogramm*, Aufzeichnung der Herzstörme, von der sich Aussagen über Rhythmus, Leitfähigkeit innerhalb des Herzens, Zustand und Dicke des Herzmuskels usw. ableiten lassen.

Elektrolyse, Trennung gelöster Substanzen durch eine elektrische Gleichspannung, so daß die elektrisch positiv geladenen Ionen (Kationen) zum negativen Pol (Kathode) und die negativ geladenen Ionen (Anionen) zum positiven Pol (Anode) wandern.

EMG = *Elektromyographie*, Aufzeichnung der Aktionsströmung des Muskels zur Diagnose von Muskel- und Nervenerkrankungen.

Emphysem, Aufblähung durch Gase; gewöhnlich ist eine Lungenblähung gemeint.

Enzephalitis, Entzündung des Gehirns.

Enzyme, (oder *Fermente*), biologische Katalysatoren, die der Organismus selbst erzeugt; sie beschleunigen oder ermöglichen chemische Umsetzungen zwischen verschiedenen Stoffen im lebenden Organismus, ohne dabei selbst verändert zu werden.

Epistaxis, Nasenbluten.

Faszie, bindegewebige Hülle der Muskeln und deren sehnenartige Fortsetzung.

Flexoren, Beuger, Beugemuskeln.

Foley-Katheter, → Katheter mit aufblasbarem Ballon.

Gamma-Globulin, im Blutplasma- oder -serum enthaltenes Eiweiß mit Antikörperfunktion; zur Vorbeugung und Behandlung von Viruskrankheiten.

Gastroenteritis, Magen-Darmkatarrh.

Globulin, in den meisten Zellen und Körperflüssigkeiten vorkommende kugelige Eiweißkörper, die dem Transport verschiedener Stoffe, der Immunität und der Gerinnung dienen.

Glomerulonephritis, Nierenentzündung, von der insbesondere die Glomerula, die Kapillarknäulchen der Niere, betroffen sind.

Glukose, Traubenzucker.

Gramnegativ werden Mikroben bezeichnet, die sich bei Gramfärbung (nach dem dänischen Pathologen H. Chr. Gram, 1853–1953) rot färben; *Grampositiv* bei Blaufärbung.

Hämatokrit, der prozentuale Anteil der roten Blutkörperchen am Volumen des Blutes. Normal: Männer 47–54 Vol. %; Frauen 42–47 Vol. %.

Hämoptysis, Bluthusten, Blutspucken.

Halothan, fluorhaltiger Kohlenwasserstoff, der bei 50° C siedet; stark wirksames Narkosemittel, das vor allem in Kombination mit Lachgas verwendet wird.

Hashimoto Thyreoiditis, chronische Schilddrüsenentzündung, die zu den Autoaggressionskrankheiten zählt.

Heparin, gerinnungshemmende Substanz, die besonders reichlich in Leber, Lunge und Bauchfell vorkommt.

Hepatitis, Entzündung der Leber, meist durch einen Virus hervorgerufen.

Idiopathisch, selbständig, unabhängig von anderen Krankheiten entstanden.

Input, Eingabe; Einwirkung der Umgebung auf ein Element oder ein System.

Intervalltherapie, Überbrückung → digitalis- oder strophantinfreier Intervalle zum Zwecke der Erhaltung der Kompensation.

Intubation, Einführen eines Tubus (Röhre oder Schlauch) durch Mund oder Nase in den Rachen und in die Luftröhre zur Freihaltung der Atemwege bei der künstlichen Beatmung oder bei Narkosen.

IVP – *Intravenöses Pyelogramm,* Röntgendarstellung der Nieren während der Ausscheidung einer bestimmten Farblösung.

Kanamycin, Antibiotikum gegen Tuberkelbazillen und verschiedene → gramnegative und grampositive Erreger.

Katheter, Röhrchen zum Ablassen von Körperflüssigkeiten, z. B. Harn aus der Blase, durch Einführen in die Harnröhre.

Kavität, Hohlraum.

Knochenmarks-Aspiration, Entnahme einer Knochenmarksprobe mit Hilfe einer Saugnadel.

Kollagen, leimgebende Substanz des Bindegewebes.

Kokain, Wirkstoff der Kokablätter; wird zur oberflächlichen Betäubung von Schleimhäuten verwendet; eingenommen bewirkt es Euphorie und Leistungssteigerung, zählt deshalb zu den Suchtgiften.

Kryptogen, unbekannten Ursprungs.

LDH = *Laktat-Dehydrogenase*, ein → Enzym, das bei Herzinfarkt, Lebererkrankungen, Blutkrankheiten und Zerstörung des Muskelgewebes in erhöhter Konzentration im Blut auftritt.

LE-Zellen = *Lupus Erythematodes-Zellen*, bei der Zehrrose oder Schmetterlingsflechte (auf Nasenrücken und Wangen) vorkommende besondere → Leukozyten.

Leukozyten, weiße Blutkörperchen, normal 5 000–10 000 in 1 mm^3 Blut. Aufgaben: Abwehr von Krankheitserregern, Bildung von Schutzstoffen und Eiter.

Lipasen, → Enzyme, die Fette in Glyzerin und Fettsäuren spalten; werden in der Bauchspeicheldrüse (Pankreas) gebildet; Vermehrung der Lipasen im Blut deutet auf einen Pankreasschaden hin.

Lumbalpunktion,Einführung einer Nadel zwischen den unteren Rückenwirbeln, um Rückenmarksflüssigkeiten zu Untersuchungszwecken zu entnehmen.

Lupoide Hepatitis, akute Leberentzündung jüngerer Frauen mit oft tödlichem Ausgang; Ursache unklar.

Makroglobulinemia, Makroglobulinämie (Waldenström-Krankheit): Neubildung des lymphatischen Systems von unterschiedlicher Bösartigkeit; befallen werden Knochenmark, Lymphknoten, Milz und Leber; im Blut treten pathologische Eiweißkörper mit sehr großem Molekulargewicht auf.

Metastasen, Krebszellen, die sich von einer primären Krebsgeschwulst aus in anderen, teilweise entfernten Regionen des Körpers gebildet haben (Tochtergeschwulst).

Myokard-Infarkt, Herzinfarkt.

Morphologie, Lehre von Form und Struktur des Organismus im ganzen und der einzelnen Organe.

Nembutal, barbitursäurehaltiges Schlafmittel, das gern vor Narkosen verabreicht wird (Peutobarbital).

Orthopnoe, höchster Grad der Atemnot, bei dem nur noch im Aufrechtsitzen geatmet werden kann.

Oxacillin, Penicillinabkömmling, der besonders gegen resistente → Staphylokokken wirksam ist.

Palpitation, Herzklopfen.
Pankreatitis, Entzündung der Bauspeicheldrüse.
Pathologisch, krankhaft, abnorm.
Pentothal, barbitursäurehaltiges Kurznarkosemittel (Thiopental-Natrium).
Peritonitis, Bauchfellentzündung.
Perityphlitis, Entzündung des Bauchfellüberzugs, des Blinddarms und Wurmfortsatzes.
Perniziöse Anämie, chronische Blutarmut infolge des Fehlens eines Faktors in der Magenschleimhaut, der für die normale Reifung der roten Blutkörperchen erforderlich ist.
Prognose, Voraussage des Krankheitsablaufs.
Prothrombinzeit (Thromboplastinzeit, Quicktest): Bestimmung der Zeit bis zum Eintritt der Blutgerinnung bei besonderen Zusätzen zum Blut; normaler Quickwert beträgt 11,5 Sekunden = 100 %. Dient zur Überwachung der Therapie mit Antikoagulantien (gerinnungshemmenden Mitteln).
Pulmonal, die Lunge betreffend.
Pyelogramm, Röntgenaufnahme des Nierenbeckens und der Harnleiter nach Füllung mit einem Kontrastmittel.

Radiotherapie, Behandlung mit radioaktiven Stoffen, z. B. radioaktivem Jod bei Schilddrüsenüberfunktion.
Retikulozyt, unreife, nicht voll ausgebildete Blutkörperchen.
Retikulozytenzählung, Zählung der nicht ausgereiften roten Blutkörperchen im Blutkreislauf. Normalerweise ist ihr Anteil nur sehr gering; produziert aber das Knochenmark mehr rote Blutkörperchen, erhöht sich der prozentuale Anteil der im Umlauf befindlichen → Retikulozyten.
Ringersche Lösung, Salzlösung von ähnlicher Zusammensetzung wie Blutserum.

Seng-Schlauch, Sonde nach Sengstaken und Blakemore mit zwei aufblasbaren Ballons zur gleichzeitigen Tamponade von Blutungen im oberen Magenteil u. a.
SGOT = *Serum-Glutamat-Oxalat-Transaminase*, ein → Enzym, das bei erhöhter Konzentration auf Herzinfarkt und Lebererkrankungen hinweist.
Sinus, 1. lufthaltige Höhlen in manchen Schädelknochen,
2. venöse Blutleiter in der harten Hirnhaut,
3. andere Hohlräume.

SLE = *Systematischer Lupus Erythematodes* (generalisierter L. e.), chronische Bindegewebserkrankung, die zahlreiche innere Organe befällt.

Staphylokokken, unbewegliche, kugelförmige Bakterien, Erreger von Eiterungen und Darmvergiftungen.

Stenose, Verengung eines Kanals oder einer Öffnung, z. B. Aorten-Stenose = Verengung der Aortenklappe.

Steroide, Gruppe von Chemikalien mit charakteristischer Ringstruktur, die im Körper, aber auch künstlich produziert werden. Viele Geschlechtshormone sind Steroide. Die Corticosteroide, die in der Nebennierenrinde entstehen, haben die Eigenschaft, Entzündungen und die Immunreaktion zu unterdrücken.

Streptolysin-Titer, Maßanalyse der Streptolysine, der Zerstörer von Blutkörperchen und Hämoglobin.

Stupor, körperliche und geistige Starre bei Geisteskrankheiten (Schizophrenie), aber auch bei Schreck oder Angst.

Succinylcholin, muskellähmendes Mittel (Muskelrelaxans), das zur Muskelerschlaffung bei Narkosen verwendet wird.

Thermographie, Aufzeichnung der unsichtbaren Wärmestrahlung (Infrarotstrahlung) des menschlichen Körpers; diese ist bei Entzündungen und Tumoren (Krebs) erhöht, bei Durchblutungsstörungen vermindert.

Tinnitus, Ohrensausen, Ohrenklingen.

Toxin, Gift.

Tracheotomie, Luftröhrenschnitt.

Typhlitis, Blinddarmentzündung (gewöhnlich wird als Blinddarmentzündung die Wurmfortsatzentzündung = Appendizitis fälschlich bezeichnet).

Ulkus, Geschwür.

Uroskopie, Harnuntersuchung.

VD/VT, Totraumquotient (Verhältnis des funktionellen Totraums zum Atemzugvolumen).

Ventrikel, die beiden Herzkammern.

Ventrikularinjektion, Herzinjektion (intrakardiale Injektion).

Watson-Schwartz-Test, Nachweis von Porphobilinogen im Harn bei Porphyrie (Hämsynthesestörung, der Urin ist bzw. wird beim Stehen dunkel oder rot).

Zirrhose, abgeleitet vom griechischen Wort für »gelblich«. Schon früh wurde beobachtet, daß narbige Organe gelblich aussehen. Teilweise Zerstörung eines Organs und Ersatz der zerstörten Partien durch Narbengewebe. Es gibt auch eine Brust-, Lungen- und Nierenzirrhose, doch üblicherweise ist damit die Leberzirrhose gemeint, die als Folge von Schädigungen durch Alkohol und andere Ursachen auftritt.